名师名校名校长

凝聚名师共识
固化名师关怀
打造名师品牌
培育名师群体

顾明远题

职业教育的五重思考

王 姬——著

中国文联出版社

图书在版编目（CIP）数据

职业教育的五重思考 / 王姬著. -- 北京 ：中国文联出版社, 2024. 11. -- ISBN 978-7-5190-5680-3

Ⅰ. G719.2

中国国家版本馆CIP数据核字第2024CS8019号

著　　者　王　姬
责任编辑　刘　旭
责任校对　秀点校对
装帧设计　刘贝贝　李　娜

出版发行　中国文联出版社有限公司
社　　址　北京市朝阳区农展馆南里10号　　邮编　100125
电　　话　010-85923025（发行部）　010-85923091（总编室）
经　　销　全国新华书店等
印　　刷　三河市龙大印装有限公司

开　　本　710毫米×1000毫米　　1/16
印　　张　14.75
字　　数　207千字
版　　次　2024年11月第1版第1次印刷
定　　价　58.00元

序言

2019年，我出版了第一本专著《打造全能型职校教师——讲述一名职校名师的成长故事》，那时我刚好从教20年，从一位职业学校专业教师自我成长的视角，通过讲述教育教学故事，分享了教师专业成长道路上的曲折坎坷、无私奉献及柳暗花明的幸福感受。5年后的这本书，内容上少了一些感性的文字，更多的是从一名教育工作者的角度审视职业教育的方方面面，思考职业教育的意义与价值，同时也是对作为职业教育工作者专业发展的自我审视和理性思考。

从大学毕业至今，我一直在宁波市职业技术教育中心学校担任机械专业教师。25年间，我从来没有离开过职业教育的课堂，没有离开过职业高中的学生，对职业教育的课堂教学、专业建设、学生成长、教师发展和职业教育本身有了更多的思考。

本书所选取的文章大多数来源于刊物上的一些随笔和论文，最早的可以追溯到2006年。那时我很幸运地获得了教育部公派去德国进修学习的机会，在德国的42天时间里，我认真学习，一有时间就和同去的教师一起交流讨论。同去德国的那批教师都非常优秀，其中有四位成了特级教师。在德国的每一天，我都坚持写学习日记，把一天的收获和心得感想记下来，把零碎的灵感串成“项链”。回国以后，我经过认真的整理，一口气写下了《中德职校机电专业课程设置的对比和启示》等五篇论文，均发表于《中国职业技术教育》《职教论坛》等职业教育核心期刊。本书节选了其中两篇有代表性的文章，尽管已经过去将近20年，但德国职业教育的经验和做法仍然值得我们借鉴和学习。

万玮老师在他的《40岁，开始学做教育》一书里写道："也许有人不理解，为什么对教育者而言，四十岁才是出发点。我的理解正如孔子所说，'四十不惑'。所谓'不惑'，并不是没有困惑，而是不再困惑。'惑'字的结构很能说明问题，上面是一个'或'，下面是一个'心'，这个世界有太多的或然，因此内心感到困惑。什么时候不再困惑？就是内心知道自己的选择，不会被外部的纷纷扰扰左右时。而对选择所带来的可能性，也能够坦然接受，不后悔。"

25年的职业教育生涯在回忆中仿佛弹指一挥，我对自己仍在职业教育的麦田里坚守感到很欣慰。对职业教育的五重思考并没有高下之分，只是代表了我对职业教育五个不同方面的思考和感悟，每部分内容的文字都有新有旧，体现了我在不同阶段的心路历程。作为一名职业教育的观察者、记录者和实践者，即便我对课堂教学、专业建设、教师发展、学生成长和职业教育本身做了一些思考和探索，仍然有很多困惑，希望自己永葆良好的心态，在平凡中享受人生的归属感和幸福感，做一名教育的行者，一直在路上。受本人的学识、见解所限，书中难免有粗鄙浅薄之处，恳请读者批评指正。

本书获浙江省高层次人才特殊支持计划教学名师项目经费支持。

王 姬

2024年5月

目 录

壹

第一重　对课堂教学的思考

贰

第二重　对专业建设的思考

叁

第三重　对教师发展的思考

肆

第四重　对学生成长的思考

㈤

第五重　对职业教育的思考

㊀

第一重

对课堂教学的思考

怎么上课，学生才喜欢

对一线教师来说，上好课是最基本的工作，那么我们有没有深入思考过：上好一节课和上一节好课的区别？什么样的课算是一堂好课？好课的标准是什么？怎么上课，学生才喜欢？很多时候，我们只是按照习惯在上课，时间一长，在不知不觉中，上普通高中课的教师，变成了只有普通高中水平的教师；上职业高中课的教师，变成了只有职业高中水平的教师。其实关于上课，是一个我们应该很重视但在实际中却常常忽略的问题，为什么这么讲？因为说忽略，课堂研究、聚焦课堂、教法创新一直是教科研的主旋律，教学改革始终在路上；说重视，我们却很少真正地、深入地站在学生的角度，从教育本质出发来考虑这个问题。

一、一场逆袭的教学评比

在我的职业生涯中，让我记忆最深刻的是2006年参加宁波市第九届“教坛新秀”的评选。说起参赛过程，可谓一波三折，险象环生。那时的我刚从德国进修回来，满脑子都是项目教学、行为导向教学等新名词，虽然只是略懂皮毛，但总想着要把自己的课堂作为试验田好好改革一下。正好学校里进行“教坛新秀”的评选，我抽到的比赛内容是用AutoCAD软件绘制零件图。按照传统的授课思路，是先讲解AutoCAD的相关命令，然后布置学生练习。这种教学设计的弊端比较明显，绘制零件图涉及许多绘图和编辑命令，在学习一个个命令后再让学生进行综合性练习，学生会学了后面忘了前面，教师往往会变成“复读机”，教学效果不尽如人意。于是，我就大胆地将这节公开课进行了改革，想好好展示一下我对新学习的教学方法的理解。我把学生在数控实训中常见的某几个轴类零件图图纸作为任务布置下去，学生以小组协作的方式任选一张来完成，然后我对其中涉及的知识点进行提炼精讲，最后让学生上台来讲一下自己在学习过程中遇到的问题和解决问题的方法。很遗憾，这节课实验失败了，前半节课我的个人表演还算良好，但是后半节课需要学生发挥的时候，学生的无所适从让我前面的“导”显得如此苍白。有一位资深教师听课后语重心长地告诉我：“你要创新教法，一定要根据学生实际情况来，如果学生不能接受，一切教学法都是空谈。”最后，我只得了三等奖，还是三等奖里的倒数第二名。但因为这次比赛中有位教师基本条件不符合要求，我还是幸运地赶上了末班车，进入了城区“教坛新秀”的比赛。

到了城区的上课环节，经过上次的教训，我老老实实地上了一节中规中矩的课，但是仍有遗憾，自我感觉沉稳有余、精彩不足，没有把“教坛新秀”的“秀”体现出来，最后我以城区二等奖的身份，跌跌撞撞地进入了宁波市的角逐。

市级的角逐才真正让比赛进入白热化状态，这时，一直关心帮助我的师长们给了我很多鼓励，让我重拾信心。一个晚上的紧张备课，要进行教学设计，还要制作PPT，我真恨不得把1分钟掰成10份来用。我抽到的题目是上一堂复习课，在此之前我从未在正式比赛中上过复习课。两个未知数给我的备课增加了很大的难度：一方面，我不知道这堂课的新授课是什么时候上的，距离现在的时间有多长；另一方面，我不知道学生对这堂课的知识点的掌握程度如何。从下午4点抽完签到晚上8点，整整4个小时我都没在电脑上写出一个字，而是一直在思考这堂课的构思和定位。求稳还是突破？在反复酝酿中，我还是选择遵从内心，继续尝试教学创新，努力上一节好课。我吸取了校赛的教训，对教学内容进行了重新解构，根据职业高中学生的认知特点，对教学难点进行了分解，最终拟定了这堂课的基本思路：用四个难度递进的任务将知识点串起来，每个任务都需师生协作完成。教师不再是单纯的知识讲授者，而是充当了知识和学生认知世界之间的桥梁。在每个任务实施的设计中，更多地考虑到让每一位学生都能参与其中，比如讲“三坐标投影体系”这个知识点，我的设计是通过比赛，让每一位学生和教师一起利用手中的A4纸自制三坐标投影体系教具，而不是让全班学生对着教师手中的教具和PPT进行学习。同时，因为事先不允许接触学生，所以我要根据学生的课堂反应，及时对教学内容做相应微调。创新的设计、良好的互动，整堂课在热烈的气氛中画上了圆满的句号。尽管当时没有立刻知道结果，对其他选手的发挥也毫不知情，但是看着课后学生围在我身边一脸的意犹未尽，我觉得这节课至少在学生心中能算是一节好课。一个月后，结果出来了，我获得了宁波市第九届“教坛新秀”比赛一等奖，获得了含金量很足的“教坛新秀”荣誉称号。

这次“教坛新秀”评选结束了，与获得“新秀”称号的喜悦相比，我更为看重这次特殊经历带来的启示。尤其是前两次失败的公开课，更让我重新审视自己对教学方法和教学思想的理解。一位教育专家说得好：“看一节课主要是看学生怎样学习，而不是看教师怎样表演。”正是这次“教坛新秀”的比赛经历，让我开始以教材为圆心拓展自己的知识面，把每一节课作为研究对象进行拓展性批判研究，尝试用我学习的教学方法与教学内容进行有效整合，不论失败还是成功，我都用教育随笔的方式记录下来，在不断的反思中，我感觉到了自己的成长。

二、一次创新的教法尝试

职业高中的教师经常吐槽课难上，学生上课睡觉、不认真听讲等，而学生们吐槽最多的就是：“我们上课不听是因为不知道学的这些知识有什么用。”相比普通高中的学生，职业高中生的学习更看重实用性，对他们觉得“有用”的知识和技能，他们的学习兴趣还是比较高的。2014年，学校新开设了工业产品设计课程，我就把这门新课程当作试验田，尝试了教法的创新。教法创新的目的是让学生能把头抬起来，课堂能活起来。

要让学生“举头望明月”就要提升“明月”的吸引力，我把生活、生产实践中常见的智能手机、千斤顶、燃气灶、吹风机等“典型产品”作为教学项目引入教学中。从学生的教学反馈来看，我选择的这些“典型产品”与他们的生活息息相关，能够很好地激发他们的学习热情，提高学生学习专业知识的兴趣，解决理论与实际操作互相脱节的问题。

在课堂教学实施过程中，我也做了“一核五环”的尝试。“一核”即工业产品设计核心资源。在选择和确定以“典型产品”为项目的课程资源后，我和我的名师工作室成员将所有资源进行数字化处理，建立包含微课视频、课件、习题等诸多元素在内的立体化课程资源。截至2021年12月，工作室已经推出工业产品设计系列省级微课程4门、市级精品课程1门。

有了丰富的“一核”作后备支撑，在具体教学实施时，“五环”之歌唱得就优美动听了。这里所说的“五环”即教学实施的五个环节。

环节一：引导行动，自主探究。教师提出任务，引导学生按照任务要求，自主在资源库平台上找到对应微课视频、课程设计PPT，进行有目标的学习，以获得系统化的新知识。通过探求、研究学习中出现的疑难问题、类同问题、关联问题等知识，实现巩固新知识的理解与接受，边探究边完成设计任务。

环节二：思路点拨，知识精讲。上一个环节是以学生的“学”为主，这一环节就是以教师的“导”为主。抓住学生在上一个环节中出现的关键问题，以“拨”为手段，实现“精讲”。

环节三：在线实训，交流共享。学生应用教师讲解的技能点，根据自己的技能水平选择资源平台中不同难度系数的在线实训项目，进行项目实践，巩固已学技能点，并举一反三，实现技能点的迁移。在实训过程中，可以通过平台中的论坛进行技术交流、共享。

环节四：我行我秀，多元评价。利用资源库平台上传展示学生的设计作品，进行教师点评、学生自评、学生互评，教师也会将部分优秀的学生作品发送给行业企业专家，请他们给予点评。开展即时评价、竞争性评价、自我评价、同伴评价、行业评价、展示评价等，多元评价主体、多种评价方式改变了以往单一的考核模式，能够有效关注学生的学习成长过程。

环节五：课后研讨，项目拓展。组织学生在课后围绕主题进行创新创意讨论，将学习的时空进行有效延伸，在课堂实训项目的基础上进行项目拓展训练，重在培养学生的创新思维和方法能力。

有教师说这个“一核五环”类似于翻转课堂，但又不是完全翻转。其实教无定法，“五环”只是经过教学实践后提炼出的大致流程，可以根据学生实际、教学内容进行灵活的调整。没有一种教学法是放之四海而皆准的，脱离学生的实际，脱离教学的内容，为了某种教学法而教学，反而会让这个“法”那个“模式”束缚教学思路，变成教师的教学桎梏。

这次教法创新的尝试受到了学生的好评，蓬勃的课堂焕发了学生化茧成蝶的生机，师生齐心协力，在参加的工业产品设计相关竞赛中取得了可喜的成绩。教师有6人次在全国信息化大赛、说课比赛、教学设计及课件比赛中获得一等奖。辅导学生摘得全国职业院校技能比赛工业产品设计项目5块金牌、3块银牌，在“挑战杯”全国创新大赛中获得一等奖，同时在省级、市级创新设计、技能比赛中多次获得一、二等奖，20多项产品获得全国实用新型、外观专利授权。

三、好课堂要有跨界思维

我们曾经在数控专业的学生中做过调研，关于哪一门学科是他们基础最薄弱的学科、学习最困难的学科，英语毫无疑问当选为“双料冠军”。26个拉丁字母的排列组合把同学们折磨得死去活来，也把英语教师折磨得痛不欲生，甚至有教师和学生提议，能不能在部分专业去掉英语学科的学习。可见，英语学科的难学、难教已成为职高的一大难题。尽管这个难题到目前为止和我这个专业教师的关联度并不大，但是，缘分往往就是这么奇妙。

2009年，浙江省中职机械教研大组的年会定在宁波市职业技术教育中心学校召开，刚好数控车间引进了一批德国进口的德马吉数控机床，新机床如何给与会者留下深刻印象？开一节数控机床的编程操作课有点过于平淡了，我们通过头脑风暴碰撞出了一个“金点子”：由数控专业课教师和英语教师面对世界先进的数控机床共同执教同一堂课。因为授课对象定为校企冠名班——“德马吉班”，而我刚好是班主任，又是数控专业教师，所以我就光荣地成为公开课的主角之一，和一位年轻的英语教师徐超杰一起合作上课。

备课的过程是真正的取长补短、相辅相成的过程。虽然大学期间我顺利通过了大学英语六级的考试，但是口语能力仅限于照着读。教英语的徐老师年轻且有想法，但对数控专业一点不了解，看着数控机床一脸蒙。这项看起来不可能完成的任务，反而激发了我们的熊熊斗志。既然各有所长，那就做我们各自擅长的事情。我们设想的情境是：一位英语专业教师带领一群学生参观数控车间，然后遇上了正在机床前操作的数控专业教师，一问一答间，不仅能学习数控机床的相关知识点，还能掌握数控专业的英语知识。我们精心设计了几个教学环节。环节一为“你指我说”，即我来讲解数控加工中心的基本组成，徐老师同声讲解基本组成的英语名称，然后我随意指出数控加工中心的某个部分，由学生以抢答的形式用英语说出这个部分的英语表述。环节二为“连连看”，即我在SIEMENS 810D控制器实物前具体讲解控制器的基本组成和用途，由徐老师讲解控制器主要组成的英语名称，然后移动投影仪上显示控制器主要组成的图片和相应的英文、中文注释，请学生连线。环节三为“看图识键”，即我拿出SIEMENS 810D控制器上的常用键图形卡片，讲解键的名称和基本操作，并在CNC铣床上演示操作过程，徐老师一一对应讲解键的英文表述，然后以小组为单位进行记忆大考验，由第一小组的一名学生说出键的中文名称，第二小组的一名学生找出对应键的图形卡片，几个小组轮换进行。环节四为“动手我最棒”，即我演示功能键对应数控机床的操作，由徐老师发出英语指令，请各小组派代表在数控机床上完成相应的操作。此次的公开课取得了成功，听课的英语教师纷纷表示，原来英语课还可以这么上啊！

这次“数控+英语”的跨界融合是一种创新的尝试，而非简单地让专业教师和英语教师各上各的内容，英语教师也不仅仅是翻译，两位教师需要联合备课，将专业知识和英语知识通过教学设计进行有机整合和融通。“数控+英语”的跨界融合给我们带来了全新的视角，学科和专业的课堂有时候不能局限在各自的壁垒里，好课堂要有跨界思维，“学科+专业”的界限是可以打破的，只要能碰撞出思维的火花，多种可能的组合都可以大胆试一试。工作室出品的“语文+电商”的跨界融合成果“淘宝吸金文案”系列微课被评为省级微课程；“英语+烹饪”香喷喷的成果“用英语玩转烘焙”成为学校最受欢迎的选修课。

从教23年，我所授的课时已经突破1万节，从新手上路的青涩紧张到人在途中的渐入佳境，我越来越享受课堂中和学生一起完成一次次的精神旅游。但同时我也越发感到自己知识储备的不足，好多领域的知识我不了解，好多行业的新知识新技术新工艺我不了解，好多教学信息化的技术我不了解，好多应当读的书我没有读过。所以，我学会用思考行走，一步一个脚印，追随着我学习的榜样，向着既定的方向。上学生喜欢的好课是我追求的目标，我理想的课堂是灵动的、丰盈的，在课堂上，我和我的学生同样有活力、有收获。若干年后，学生回忆校园往事能够由衷地说：“王姬老师的课上得好！”那就值了。

（原载《职业教育》2022年第10期，有删减）

双线互融，名师助力“职教高考”

一、背景与意义

“职教高考”现今成为高职招生主渠道，升学也成为职高学生的主需求，为解决城乡教育资源不均衡、因师资不足而不能在学校进行复习迎考的学生自学、学生在学习中遇到问题需要答疑等问题，王姬名师网络工作室（以下简称“工作室”）推出“名师直播课堂”，线上老师进行直播授课，线下教师进行实时辅导，线上和线下有机融合互动，联动“虚拟课堂”与真实课堂，打破了时空限制，将传统的以教师为中心的授课型课堂，转变为以学生为中心的师生、生生互动型课堂。

工作室在2020—2023年推出“备战高职考”主题直播活动30课时，通过线上直播课的形式，分主题单元帮助学生梳理“机械识图”“数控加工机械基础”和“零件测量与质量控制技术”三门专业理论课程的知识网络，每节直播课的参与人数都突破千人，得到了省内职校师生的好评。为助力2024年的“职教高考”，工作室在原先直播活动的基础上，将直播内容、直播师资、直播形式进行全方位升级，组织学科带头人和骨干成员推出了25节“名师助力‘职教高考’”直播课，全覆盖机械类专业理论内容，分模块解读考试大纲，聚焦迎考复习中的重难点问题，剖析高考真题涵盖的知识点，并以典型例题阐述不同考点的复习方法和策略，为广大师生提供机械专业理论考试复习迎考经验。该系列直播的总访问人数近10万人次，浙江职成教网对此做了专题报道。

二、措施与做法

（一）教什么：线上调研，知学生之所难

教什么？这是直播活动遇到的首要问题，如果不能有效解决这个问题，直播活动就只是走过场，失去其真正的意义。既然直播活动的对象是中职机械高三的学生，那么当务之急就是要全面了解并掌握学生需要什么，学生缺什么直播活动补什么，学生的难点就是直播活动的切入点。为了获得更加全面的数据信息，工作室通过QQ群、微信群对学科带头人和骨干成员所在的学校进行调研，对中职机械高三的学生进行前置诊断，整理出学生在复习过程中遇到的问题和知识储备上的不足，对学生学习上的难点有了清晰的掌握。线上调研让直播活动有了底气，也让直播内容知学生之所难、为学生之所需。工作室的直播活动围绕考试大纲，分成“机械识图”“数控加工机械基础”“零件测量与质量控制技术”三大板块，共25节课。

（二）怎么教：问题引导，让课堂活起来

怎么教？怎么教才能让线上教学真正发挥作用？工作室成员在进行直播活动的线上研讨后，大家认为线上教学与线下教学最大的区别在于，学生居家学习离开了教师的直接管控，也没有了教室里同学之间互学赶帮的学习氛围，如何调动学生居家学习的积极性才是直播课是否有效的关键所在。因此，直播活动确定以问题为导向，将问题作为引导学生学习的支架，通过对“个问题”（具体历年高职考试题）的解决上升到“类问题”（同类问题）的认知，学生达到事半功倍的复习效果；通过对学生易错题的剖析，学生透过题目看到背后所涵盖的考点，让学生学会举一反三。同时，直播过程中注重调动学生学习的积极性，随着问题的抛出，聊天区互动、点名提问、及时评价反馈，让学生真正参与到直播课堂中来，变教师“独唱”为师生“合

唱”，让学生动起来，让课堂活起来，形成良好的学习氛围，真正提高直播课堂的有效性。

同时，工作室尝试在多个学科带头人所在学校试点，进行“双线互融”课堂的实践，线上教师进行直播授课，线下教师进行实时辅导，线上和线下有机融合互动，联动“虚拟课堂”与真实课堂，打破了时空限制，让乡村学校的师生和城市的孩子一起享受优质教学资源，改善教育资源不均衡的问题。

（三）怎么学：专题资源，让学生自主学

怎么学？直播活动不仅仅是一堂堂名师主讲的直播课，还有直播课后续的优质专题资源及时推送。短短一节直播课所包含的知识点和信息量是有限的，直播课起到的作用更多的是引导，引导学生了解到自己的知识错漏点，引导学生学会应用知识解决生产实际问题，引导学生去选择自己所需要的资源，并积极创建专题资源，引导学生有针对性地学习。

三、亮点与成效

（一）群策群力，找出“真问题”

本次名师直播活动在确定主题、选择内容时，都通过线上调研、研讨，群策群力，集中名师工作室集体的智慧找出学生在复习过程中存在的“真问题”，对学生复习中出错率高的题重点讲，高职考中高频考点详细讲，直播的内容知学生之所难、为学生之所需，让学生真正学有所获。

（二）互动交流，变“独唱”为“合唱”

本次名师直播活动以问题为导向，将问题作为引导学生学习的支架，在直播过程中注重调动学生学习的积极性，“双线互融”线上、线下的直播课堂创新，让学生真正参与到直播活动中来，变教师“独唱”为师生“合唱”，让学生动起来，让课堂活起来，形成良好的学习氛围，真正提高直播课堂的有效性。

（三）资源共享，拓展教学维度

工作室专门创建了《名师助力“职教高考”》专题资源，上传了所有直播课的课件、来自工作室一线机械专业教师的原创课件、试题、视频、动画等资源，让师生在课前、课后都能选择所需资源下载学习，有效拓展教学的维度，将直播活动从线上直播课外延到线下学习。细分的知识点、分不同层次的练习，更能照顾到每个学生的个性化需要，有效地促进学生自主学习。网上的高职考资源不仅少，而且良莠不齐，专题资源为机械专业教师备课提供了强大的支持。

（四）名师引领，辐射城市乡村

本次名师直播系列活动由浙江省特级教师王姬老师领衔授课，26位名师骨干教师共同参与，影响力大，总访问人数近10万人次。同时，本次直播活动充分关注到乡村学校资源相对匮乏的问题，组织多个乡村学校，如龙游县职业技术学校、云和县中等职业技术学校等师生创新实践“双线互融”直播课堂，让乡村学校的学生也可以一起享受优质教学资源，解决教育均衡的难题。

（五）团队共生，让团队“聚人气”

工作室在招收成员时就秉持“立足一线，倾斜乡村”的原则，解决一线教师，尤其是乡村薄弱地区教师的教学实际问题，为乡村振兴、教育共富提供范式。工作室通过“1（名师工作室负责人）+15（学科带头人）+X（骨干成员）+N（网络成员）”四级联动机制，形成富有特色的“四力”共同体，即有学习力、成长力、创新力、影响力的教师共同体。本次系列直播活动作为工作室年度重要成果，有13名学科带头人和13名来自省内各职业学校的学科骨干参与直播，还有更多来自乡村学校的青年教师借助网络的跨时空特性与“名师面对面”，学习借鉴名师骨干的优秀教学经验。这凝聚了团队的人气，使工作室真正成为教师专业发展的“助推器”。

（原载《中小学数字化教学》2020年5月，有删减）

打造职教的“酸菜冰箱”

冰箱是我们所熟悉的家用电器，尽管如今冰箱不断升级换代，但是你听说过“酸菜冰箱”吗？2003年8月，中国某冰箱生产企业就针对东北人爱吃酸菜，但传统制作酸菜的酸菜缸既占地方又不卫生这一矛盾，推出了“酸菜冰箱”，由此引发了一场“冰箱革命”。透过“酸菜冰箱”，我们看到了企业为了适应市场需求的求变精神，以及勇于突破常规的创新思维。“酸菜冰箱”的问世为我们束缚已久的思想打开了一扇窗户：原来冰箱还可以这样来造。让我们透过这扇自由创新的窗户，再把视角转回到职业教育上来，看看我们所面临的现状：教材内容的老化、落伍，有的教材出版时间很新，但基本内容却出自20世纪80年代；教学手段一成不变，黑板、粉笔加上“满堂灌”理论，偶尔用一下多媒体技术也只是作为公开课、观摩课的应景之举；教学评价机制的始终如一，最后用以评价学生学习成效的都是统一的几张试卷；关起门来制订教学计划，以“不变”应万变……这一切症结归为一点就是，职教工作者教学理念的问题。它所带来的直接后果就是，我们辛辛苦苦培养出来的学生不是社会所需要的。如果把学生比作产品，那么我们所面临的是退货、积压。

职业教育的发展需要创新，这已经是提了很多年的口号了。作为职教工作者，我们应该清醒地意识到，职业教育不同于普通教育。职业教育的主旨是适应社会、服务经济。市场是每天每时每刻都在变化的，学校好比是一个企业，如果没有客户认可我们的产品，就没有订单，只能停产。这是一个流通决定制造、流通决定规模的时代，我们必须加快教学理念的转变，加快变革与拓展的步伐，以变制变，参与大流通时代中。普通教育“生产”出的是毛坯，它们将被输送到大学去进行进一步的加工制造，而职业教育面向社会输出的应该是“半成品”和“成品”。针对市场经济的不同需求，我们也应该开拓思路，借鉴和学习企业的创新求变精神，将我们的学生打造成有特色、有前景的“酸菜冰箱”，培养出适应社会的“订单式”人才。

下面以机械学科作为生产平台，把一个拥有40名学生的数控班作为原材料，来尝试将它们打造成一批“酸菜冰箱”。首先，要经过一年至一年半时间的原材料粗加工过程，即基础课程和专业基础课程的理论学习阶段，这其中包括语文、数学、外语和机械制图、机械基础、公差配合、CAD、电工基础、金属材料热处理、车工工艺学、钳工工艺学、机械制造工艺学等课程。要注意的是，这个环节必不可少。职业学校与社会上开设的培训班最根本的区别就在于职业学校不仅有，而且非常重视这个环节。而培训班则完全省略了这一环节。如果没有这个环节作为基础，不但会使后面的加工流程缺乏有力的支持，而且将影响到产品今后的品质保障。

接下来一年的时间是最关键的“酸菜冰箱”制造阶段。法国工程师林格尔曼提出了著名的“拉绳子”实验——经常称之为“林格尔曼效应”，即被试验者分成1人组、2人组、3人组，要求各组用尽全力拉绳，同时用测力器测量拉力。结果，2人组的拉力只是单独拉绳时2人拉力总和的95%；3人组的拉力只是单独拉绳时3人拉力总和的49%。其实，这与我国“和尚挑水”的故事异曲同工。“1+1<2”或者“1+2<3”的现象是集体工作存在的普遍特征，经济学上称之为“社会浪费”。这不仅在当今企业中普遍存在，而且在我们的教学活动中也是普遍现象。在开设的数控实习课上，我们经常可以看到这样的场景：一个班级几十名学生黑压压地围着一台设备听一位教师讲课，教师讲得累，学生听得更累；在学生自己操作时，又是七八名学生只分配到一

台设备，每名学生独立操作的时间相当有限，与此同时，车间其他的数控设备却处于闲置状态。这不仅无法保证应有的教学质量，而且也是一种“教学资源浪费”。因此，我们根据现有的数控设备将学生分成四组，保证每名学生一台设备，设备与人手一一对应。每个小组的目标很明确，根据“订单”的需求，将经历四个学习阶段，完成学习要求：熟练掌握数控铣、数控车、线切割和加工中心的操作。每个小组配备1—2名专业技能教师，他们将根据“原材料”的不同情况，制订相对应的“生产计划”。四个小组在同一时间由相应的专业教师指导开始各自的学习，在完成当前的学习任务后，四个小组进行阶段循环，开始各自的下一个学习目标，直至完成全部的学习要求。这个做法破解了“林格尔曼效应”，使学生直接面对“订单”，而不是简单完成教师交代的任务，不仅充分地利用了设备资源，而且最大限度地释放了学生的主观能动性，挖掘了他们自身的潜力。当然，要想生产出高质量的“酸菜冰箱”，我们不能再继续沿用传统的评价机制来考核它们，新的评价机制必须和市场经济接轨，能够充分满足“订单”的需要。经过反复试验，我们提出“资源存折”的做法，做好挣保值分，做坏扣绩分，创新赚附加分。如果“资源存折”上的绩分没有达到合格的要求，那么该“产品”将“回炉”进行重新加工，直到符合要求。有极个别的“产品”经再三“回炉”仍无法达到要求，为了保证品质，我们只有给它贴上“不合格”的标签。“资源存折”的做法，能让学生重视每一个学习阶段，也给学生留下了一定的创造空间，鼓励学生的创新精神和合作精神，能比较全面地反映出学生的学习情况，比较客观地评价学生的学习成效。

最后的一个阶段是产品调试阶段。我们根据“订单”制造出了“酸菜冰箱”，在真正投入市场之前，必须让用户（实习单位）试用一个阶段，以便做最后修正，待用户认可后，我们才能正式将产品推向市场。这一阶段非常重要，因为我们在接到“订单”到制造完成需要一段时间，这就有可能使很多情况发生新的变化，在试用期后，如有必要，我们要实行“召回制”，让学生查漏补缺，更好地适应新的变化。这一阶段将整个制造过程变成了一个开放系统，产品制造者——专业技能教师可以在这个开放的系统中整合用户资源、人力资源，输入的是用户的需求，输出的是用户的满意。过去设计制造人员把产品生产出来，就算完成任务，而现在不行了，必须让产品在市场上有销售前景，才能证明这个产品有价值，才能给企业带来经济效益。职教工作者只有将学生培养成社会受欢迎的人才，才能办成让家长放心、社会满意的职业学校，才能使我们的职教事业发展得越来越好。

当看到一批批贴着合格标签的“酸菜冰箱”走出生产车间，取得巨大的市场效益时，每一个参与“设计制造”的职教工作者都会从心里感到高兴和自豪。转变教学理念，迎接市场经济的巨大挑战，是我们肩负的重任；打造职教的“酸菜冰箱”，培养“订单式”人才，是我们努力的目标，这样的目标没有终点，因为，它是在用户心中的。

（原文写于2004年1月）

学情分析：你真的了解学生吗?

很多中职学校的教师在学情分析时都会提到：中职生的逻辑思维能力较弱，动手能力较强。这种说法从我参加工作时就有所耳闻。乍一听，觉得挺有道理。但听得多了，便会不由自主地开始质疑：这种说法真的有依据吗?从教至今，我的学生从80后到00后，各方面变化都挺大，这一学情分析却没有改变。中职生中考成绩不理想，逻辑思维能力就一定弱吗?动手能力就一定强吗?我开始静下心来重新审视，究竟什么是学情分析?

对学情分析的定义大致可以表述为：对学生在学习方面有何特点、学习方法怎样、习惯怎样、兴趣如何、成绩如何等方面的分析。我们一直说要“以学生为主体”，可是面对这个主体，我们真正去了解了吗?城区的孩子和农村的孩子在习惯、兴趣方面的差异，我们考虑过吗?不同专业、不同班级的学生在学习态度、学习基础方面的差异，我们关注过吗?学情分析不是一个走过场、可有可无的环节，而是关系教师如何处理教材、采用何种教学方法的关键问题。

教师在处理教材时，首先要对教学对象——学生进行学情分析。能够将学情分析得到位的教师肯定是深入了解学生的教师，他了解学生的学习特点和兴趣爱好，而不仅仅关注学生的学习成绩。在他的分析之下，可爱、有特点的学生形象生动地浮现在眼前，这样何愁上不好课?反之，如果还是泛泛地用老生常谈敷衍了事，那么，教学策略、教学环节设计的有效性不禁堪忧。

学情到底怎么分析？学生的家庭背景、性格特点、身心素质等都会影响他们的学习态度和学习结果。学情不是简单地对着记分册、计算机就可以分析出来的，教师要走近学生、走进学生的家庭，才能全面了解学生的具体情况。面对不同的教学内容，要了解学生的知识起点、技能起点。如果教学设计中需要引入较多的信息化元素，那么还需要分析学生的信息素养情况。了解学生的情况后，才能明确哪些知识是学生可以自主学习的，哪些知识需要在教师的指导下掌握，哪些知识需要拓展提升。

有专家提出，学情分析不能太有针对性，不能只适用于某个班，而是要适用于该专业所有的学生。对此，我不敢苟同。一堂好的课要讲究“因地制宜”，面对不同的学生需采用不同的教学策略。我们都有这样的感受，同一堂课，同样的教师在学习基础不同的班级授课，感觉是完全不同的，学生的反应差别很大。没有任何一种教学模式是放之四海而皆准的。学情分析不仅要有针对性，而且要具体落实到每个学生身上。在充分分析学情后，教师在教学中要关注差异性，教学内容要有梯度。考虑到教师在课堂上无法兼顾每个学生，可以适当采用小组合作的形式进行教学，按照“组间同质、组内异质”的原则进行分组，让学习基础相对较好的学生担任组里的“小导师”，组内互帮互助。在布置作业的时候，对于学习基础相对较好的学生，教师可以提供探究性练习，帮助其养成良好的自主学习习惯。对于班级中的后进生，教师可以为他们提供一些学习技巧的指导和基础性练习，以激发他们的学习兴趣，使其找到正确的学习方法。

教师在进行教学比武时，常常会采用借班上课的形式以示公平。上课前，教师对学生的情况几乎一无所知，以此来考验教师的教学智慧和教学能力。这个时候，是不是不需要进行学情分析了呢？事实上，恰恰是这个时候，最考验教师。因为，学生是一个个鲜活的个体，课中的学情分析比课前的学情分析要难得多。课中的学情分析，需要教师仔细地观察、快速地判断，及时根据学生的学情对预设的教学设计进行调整，不能只想着让学生跟着预设的教案走。教案不是定案，教师应该随着课堂上学生的思维变化而改变教学策略，善于发现学生身上的闪光点，时刻体现出“以学生为主体、教师为主导”的教育理念，这样才能有效达成教学目标。

（原载《浙江教育报》2017年12月15日）

要合理地“浪费”时间

说到“浪费”这个词，一直都是用作贬义的，如果再加上“浪费时间”，那就变成“十恶不赦”了，如“浪费时间等于浪费生命”“一寸光阴一寸金，寸金难买寸光阴”等耳熟能详的励志名言。为人父母、为人师长，最看不惯的就是孩子、学生无所事事、浪费时间，这一点我深有感触。我女儿现在读小学，我下班回到家，要是看到她坐在写字台前认认真真地写作业，我的心就踏实了，搬把凳子坐在旁边，看到她的笔长时间停下来，就会不由自主地催促：“快一点！抓紧时间！”要是回到家看到她正在开心地玩，“今天作业做完了吗？阅读理解做了吗？奥数做了吗？毛笔字写了吗？古筝弹了吗？”噼里啪啦一串连珠炮似的问句就从嘴巴里自动弹出。如果听到的回答是“做了”，我就只好不甘心地继续补上一句“那可以复习复习呀，不要整天就知道玩！”如果听到的回答是“没做”，那瞬间暴风雨就来临了。无论哪种回答，最后的结果都是女儿噘着嘴又坐到写字台前，万般不情愿地捧起书、写作业。

有一次，我在女儿写的日记里看到这样一段话：“我永远都有听不完的课，永远都有写不完的作业，没有玩的时间，一点儿都不开心！”

作为一名母亲，以及一名教育工作者，我看到这样的文字，觉得自己很失败，我开始反思：这样分秒必争，是否真的有利于孩子的身心发展？现在竞争越来越激烈，我们每位家长都害怕孩子在竞争中处于下风，怕孩子虚度光阴，所以给他们安排了许多奥数培优、乐器培训、英语培训、作文辅导等名目繁多的课程，孩子的课余时间一挤再挤，就像一块干巴巴的海绵，再挤不出一滴水来了。

我们的课堂又何尝不是如此，尤其是一些会考课程，教师为了赶进度，留出更多的复习强化时间，尽可能多地增加课堂教学容量。再加上现在教学设施的改善，每一个教室都安装了电子白板和投影仪，教师用预先准备好的课件，不用再在黑板上一步一步、一笔一画地示范解题过程、画图过程，鼠标轻轻一点就都出来了。有时候学生题目还没有看完，教师就开始讲题，没有给学生一点理解和思考的时间。在课堂里做练习也是像按了快进键一样，教师在一边不停地催促："快一点！抓紧时间！某某组某某人已经完成了！"有些公开课更是变本加厉，教师对时间的把控精确到秒，一点都不能超时，学生就像机器一样被准确操控，不能出一些偏差。这样的课堂，我不知道学生能听进去多少。

德育提倡"慢"教育，对于学生的一些问题，需要慢慢地去解决，让他们慢慢成长。在课堂教学和家庭教育上，我们也要学会合理地"浪费时间"。在课堂教学中，多留一些时间给学生去理解和思考，学生能有自己的观点，再鼓励学生亮出自己的观点与教师进行交流，也许能碰撞出许多意想不到的思维火花。一旦自己的观点得到教师和同学的认同，学生就会有一种被认同的自豪感，产生成功的情绪体验，自然会对学习越来越有兴趣，同时也培养了学生从教师的讲课中听出点问题来的辩证思维。在家庭教育中也是如此，没完没了的作业和辅导往往会抹杀掉孩子的灵性和自主创造力，孩子没有玩耍的时间、没有体验的时间，在题海中浮浮沉沉，直至随波逐流。

时间是宝贵的，但是为了让孩子和学生快乐、健康地成长，我们应该合理地"浪费时间"，提高课堂教学的效率，让孩子体验自己感兴趣的事物，一定会取得更好的教育效果。今天晚上下班回家，我一定要对孩子说："宝贝，作业做完了，我们一起玩一会儿吧！"

（原载《宁波晚报》2015年1月6日）

“情境项目式”教学模式在数控专业教学创设的列举

“情境项目式”教学模式是宁波市职业技术教育中心学校在2008年提出来的，主要基于四点考虑：一是在“以就业为导向，以技能为核心”的职教新理念下，职业教育是直接为学生就业服务的，教学内容要体现知识与能力的“岗位针对性”，做到有用、够用。二是职业的现实性因素决定了职教的课程和教材是多变的，所以在课堂上，教师必须把握现实职业环境，整合教材内容，实现教学素材的再加工。三是教育产业的最终“产品”是人，其有效的目标是个人价值需求得到满足，所以要特别强调学生的“习有所得”。四是有效的职业能力培养是在职业环境的熏陶下潜移默化地养成的，这还要求教师尽力营造与企业生产、管理、服务一线相一致的职业情境，让学生在真实的情境下掌握技能、提升职业素质。

基于以上四点，宁波市职业技术教育中心学校通过课程项目化、教学情境化、评价多元化构建“情境项目式”教学模式，开展理实一体化学习。将教与学的过程从传统的、封闭的教育情境中解脱出来，以情境为中心创设教学环境，以项目流程整合教学思路，体现知能的“岗位针对性”原则。

“情境项目式”教学模式是“项目教学”和“情境教学”的有效整合，它主要有三层含义：其一，它是在项目课程的基础上产生的，教师首先要确定典型工作任务，明确职业岗位能力，并在此基础上将教学知识设计成项目任务，使课程项目化；其二，它是数控专业知识赖以产生的现实“背景”，这个背景可以是学生的日常生活，也可以是生产实践的真实场景，使教学情境化；其三，它需要有多元化的评价体系与之配套，做到评价主体多元化、评价内容多元化、评价方式多元化。

一、创设“情境项目式”教学模式的策略

“情境项目式”教学模式在数控专业实践与探索的操作过程中，做什么？怎样做？目前还没有现存的课程标准和适用教材，怎么办？需要一线教师边实践边探索，站在课程的高度进行整体考虑。

创设“情境项目式”教学模式是通过场景设置诱发学生的学习兴趣，强化学习动机，吸引学生认真参与到学习过程中来，通过将教学知识整合成“够学、够用”的教学项目，努力让学生学有所得，体会到学习的乐趣，从而树立起学习的信心，激起学生主动学习的愿望。

（一）数控实训课堂在企业，创设真实生产情境

【课例链接】课题：数控机床编程与操作

1. 授课班级

06华中数控班。

2. 设计原则

我们将教学场景直接安排至武汉华中数控股份有限公司的生产车间内，以完成企业的实际产品制作及产品装配项目为学习任务。整个教学过程由企业技师主持，教师配合企业技师完成岗位划分、技术引领、工艺讲解、操作实践、产品检验、评价分析等过程。同学们在具体的实践活动中，注意理论与实践相结合，注重技术要领和分析解决技术难点的手段和方法。在企业技师的指导和学校教师的配合下，由学生独立完成产品的生产加工。

3. 教学实施

（1）岗位划分：教师给每个工作岗位的学生分发技术文本及工作要求。准备工作评价表。企业车间准备必备工具及材料。

（2）确定项目：确定教学项目，根据项目的工艺要求，学校教师讲授数控编程的基本原理、每个项目的要求，对岗位技术文本及工作要求进行解释与提点，并对实践过程提出要求。

（3）工艺讲解：由企业技术师傅讲解具体加工工艺要求及操作方法。

（4）操作实践：进行实践操作，完成各个教学项目，积累技术经验。

（5）产品检验：对完成的产品与工厂产品进行对比检验。

（6）评价分析：评价分析由自我评价、企业技师评价、学校教师评价三部分构成，占比分别为40%、40%、20%。

4. 课例解析

任何模拟的软件或者虚拟的加工都远不如真刀真枪的生产能让学生的能力得到快速提高。在这个生动的课堂里，学生们将完成部分学业，一些原本在教室里完成的教学内容都将在车间里完成。学习流程完全是工作流程，工件制作就是学习项目，既有效利用了企业资金和设备，为学生创设了直观、真实的教学环境和条件，又为企业创造了一定的经济效益。过去单一的评价方式变成了自我评价、企业技师评价、学校教师评价的“三位一体”多元评价方式。

这样的教学突破了以往教学对“课堂”“情境”的理解，课堂就在企业生产车间内，学生直接身在情境中，不必再“出境”“入境”。作为06华中数控班的班主任，在武汉学习期间，我能深刻地感受到学生对知识、技能的渴求，两个月的生产实践效果远远优于原先在学校里半年的学习效果。从武汉回来的半个月后，全班参加数控车工（中级工）考核，一次通过率达到了100%。

（二）启动创造性思维，创设项目教学情境

【课例链接】课题：绘制主轴箱侧板

1. 授课班级

08数控技术应用班。

2. 设计原则

在教师的指导下，师生一起按照实际工作的完整程序进行项目决策、项目实施、成果展示、评估总结的过程。教学中，根据学生实际和绘制主轴箱侧板项目，遵循教师为主导、学生为主体、训练为主线的原则，结合创设情境、图形演示、观察分析、实践操作、讨论比较、评估总结等活动，充分调动学生学习的主动性和积极性，让学生自主地学、主动地学。

3. 教学准备

课前教师给学生发一份任务书；准备项目评价表（每人一份）。

4. 教学步骤

把绘制主轴箱侧板看成一个在教师指导下由学生独立完成的项目。根据学生实际及绘制主轴箱侧板教学任务，师生一起把该项目的实施过程精心设计成六个环节，同时，把全班学生分成六个小组，每小组的学生共同合作完成整个项目。

（1）项目认识，创设情境：教师进行动画、三维模型演示，激发学生的学习兴趣，展示任务书，明确任务要求。

（2）项目分析，工艺细分：学生通过项目分析了解主轴箱侧板图形的组成，把整个项目拆分成小项目，每个小项目对应具体的命令。通过项目细分，化繁为简。

（3）项目实施，动手绘制：教师讲授并演示绘制主轴箱侧板的绘图流程，学生观察、思考、识记，然后以小组为单位进行项目实施，教师随时提供指导。

（4）项目拓展，变式训练：项目完成后，学生已有了一定的感性认识，

在分析直观现象和实践性图形的过程中，进一步掌握矩形阵列命令的操作步骤。再设置一些实训项目进行变式训练，让学生学会举一反三，灵活应用矩形阵列命令。

（5）项目评估，学习总结：项目完成后，每位学生先对自己的作品进行评价，对照评分标准进行评价。然后开展小组互评，请每个小组的代表总结在绘图过程中遇到的主要问题。

（6）项目实训，实践探究：布置学生在课后完成教材配套的实训项目。实训项目设计“由易到难”，难度呈梯度上升。

5. 课例解析

这种“情境项目式”教学课已成为宁波市职业技术教育中心学校专业课教学的常态课。“情境项目式”教学能够很好地实现学生专业能力的迁移，几节课下来，学生往往能从最初的“照猫画虎”到自主创作，充分感受到成功的情感体验，大部分学生都能在课程完成时上交一份带着灵感火花的作品。

在教学中，我们努力实现“三个结合”，即分组教学与集中教学相结合，教师主导教学和学生自主学习相结合，规定项目训练和自选项目训练相结合。而今，数控专业教师根据岗位需求，以工作过程为主线，重新整合教材，宁波市职业技术教育中心学校专业教师主编的一批项目教材已经由高等教育出版社、清华大学出版社等出版发行，其中《AutoCAD应用——机械图样绘制》和配套习题集作为浙江省数控专业课改成果正在全省推广。

（三）走进企业学知识，创设地方特色场景

【课例链接】课题：走进数控世界

1. 授课班级

09数控技术应用班。

2. 设计原则

针对原先数控入门课程存在的缺陷，大胆创新，围绕宁波数控行业区域发展的特色，以“走进宁波的数控企业、体验企业文化”为主线，结合中职生的认知特点，力求结合宁波地方特色，让学生了解宁波的数控特色，了解身边的数控大师，从而热爱数控专业。教学以走访数控企业的旅游形式展开，将整个教学内容划分为八个教学项目，以“站名”来命名，例如第1站：走进“数控中的战斗机”——宁波海天集团、第2站：走进“八音琴的王国”——宁波韵升，等等，让学生踏上“走访宁波数控企业+数控知识学习”双收路，在轻松活泼的氛围中，学习数控相关知识。

3. 课例解析

作为数控入门课程，我们的目的就是要让学生对学习数控专业产生兴趣。纯粹知识性的介绍枯燥又无味，反而会把学生的那么一点点兴趣都扼杀在萌芽状态。采用“情境项目式”教学模式，融境——结合宁波数控行业区域特色，入境——让学生走进企业学知识。通过数控专业知识链接、企业成功创业的故事、数控热门话题的讨论等丰富多彩的板块，学生乐学，并学会数控专业的入门知识，让学生走得更远。

二、实施“情景项目式”教学模式对教学提出的新要求

宁波市职业技术教育中心学校的数控专业技能教学改革紧扣两个主题词：“项目”“情境”。实现了“诱发主动性、强化感受性、着眼发展性、渗透教育性、贯穿实践性”的目标，满足了学生对教学的多样性需求。但是，实施“情境项目式”教学对学校的实训设备条件和师资条件要求相对较高。

（一）对教师的要求

教师在钻研理论的同时还要参与专业实践，在实践中充实自我，并通过实践使专业理论更加感性和具体。以实践为主的数控技能教学，学生思路不一致，在实践过程中可能出现各种问题或提出很多想法，教师都要及时做出积极回应，用肯定的语言加以鼓励或表扬，针对学生在技能训练中存在的问题、疑问、难点进行剖析，给予学生成功的体验，培养学生的自信心和成就感。

（二）对考核评价体系的要求

在教学评价上，人们往往习惯于采用一种标准、一套试卷来考核学生，这实际上是对学生创造能力的扼杀。我们努力建立能够激励学生主动发展和创造的考核评价机制。具体的做法是：在企业实训期间的评价分析由自我评价、企业技师评价、学校教师评价三部分构成；在平时技能实训期间的评价则由学生自评、小组互评和教师评价三部分构成，每位学生先对自己的作品对照评分标准进行评价，然后小组互评，最后由教师进行评价，比例可以根据情况灵活设定。这样能够保证每位学生都积极参与到学习项目中，促使其在原有水平上有所提高。

总之，在数控专业技能教学中实施“情境项目式”教学模式，通过创设真实生产情境、生活情境、想象情境，学生在情境中学习项目，在项目中感受情境，拓宽了学生思考和探索的空间，注重学用结合，真正体现“以学生为本位，以职业技能为本位”的教学理念，让学生在“做中学，学中做”的过程中获得技能与理论知识的双丰收，真切感受到数控学习的乐趣。同时也使教师从教材的使用者转变为教材的创造者，提升了教师的综合素质。

（原载《机械职业教育》2011年第6期，有修改）

情境项目引导教学　三级能力分段提升

中职数控专业人才培养的目标是：培养具备数控技术专业基本理论和技能，能从事该领域内设备的生产使用、服务、经营和管理第一线工作，具有较强的创新精神和实践能力的中初级应用型人才，为地方经济服务。但是在传统的中职学校的技能教学中，沿袭了普高教学模式，教什么、学什么，教学大纲都有明确规定，在什么地方教、什么地方学，师生必须严格遵守，认真执行。这样的技能教学模式规范有余，却不能体现职业教育的特色，不能适应学生的个体差异和兴趣特长的发展。因此，改革当前职校技能教学模式，是中职学校生存发展的必由之路。

宁波市职业技术教育中心学校数控专业的一线教师围绕数控专业中职人才培养目标，探索提高技能教学有效性的途径，为实现教学体系从“知识中心”向“任务中心”的转变，创建了一套卓有成效的数控专业技能教学模式——三级技能实训模式，将学生的技能训练分为初、中、高三级，以项目为载体，以工作过程为导向，让学生在与企业生产、管理一线相一致的职业情境中，分段提升三级技能水平，实现了“诱发主动性、强化感受性、着眼发展性、渗透教育性、贯穿实践性”的目标，满足了学生对技能教学的多样性需求，既有对技能尖子生的培养内容，又关注到大部分学生的技能学习。

一、三级技能实训模式的基本含义

三级技能实训模式是将学生的技能训练分为初、中、高三级。第一阶段为初级技能训练，安排在第一学期，面向全体数控专业学生，为入门训练，通过对普通车床和钳工操作技能的学习，学生培养生产意识，为数控操作技能的学习打下基础。第二阶段为中级技能训练，安排在第二、三学期，根据学生在初级技能训练中的表现结合自主选择，将学生分为数控车床和数控铣床两个技能训练方向，为提高阶段，全面提高学生的技能，使其技能达到中级工水平，培养“优质蓝领”，从中选拔出优秀者进入下一阶段中的高级工专项训练方向。第三阶段为高级（特长）技能训练，从第二阶段中选拔出的优秀者专项训练数控车床、数控铣床的高级工操作技能，主要培养其分析问题、解决问题和应变的能力，其中的佼佼者参加各级各类技能大赛，其余学生根据自己的特长选择DMG车削技术、铣削技术为特长发展方向，最后通过行业认证。最后一学年，除去参加浙江省单招单考的学生外，选择毕业实习的学生分为两个方向：在第三阶段高级工专项训练方向中优秀的学生在校内实训车间进行竞赛训练，准备市级技能比赛；大部分同学则通过三个阶段的学习，经学校推荐到相关企业顶岗实习。

二、三级技能实训模式实施过程

三级技能实训模式在数控专业技能教学中主要通过情境项目教学模式、全程质量控制考核体系、传帮带三级指导模式等环节具体实施。

（一）情境项目教学模式

情境项目教学模式以“场景设置—项目实施—项目成果”三个维度构建教学实施的基本框架。在技能教学中，以零件加工任务为载体，以工作过程为导向，以产品零件加工流程为主线，让学生在学习过程中，体验零件加工的完整过程，教学按照企业实际生产情境进行。项目选取按照三级技能实训模式的递进要求，难度循序渐进、逐级递增，学校实训车间与企业生产车间学习情境相互融通。

（二）全程质量控制考核体系

在整个三级技能实训模式中，每一阶段都有相应的考核要求，对相应的工种，参照劳动部门的鉴定方法，制定初、中、高三种鉴定标准，建立相应题库，制定鉴定实施办法，确定各项鉴定评分标准。初级以入门为主，鼓励学生学习的积极性；中级以实用为主，体现专业水平；高级体现尖子生水平，培养蓝领精英。初级技能训练，要求学生达到初级工水平，学生可任选项目（普车、钳工）申报，由学校考核，通过鉴定者获得学校颁发的初级工证书，有初级工证书的学生才有资格申报高一级证书。中级技能训练有两个学期，在第二学期结束的时候，学校安排技能抽测，随机抽取班级1/3的学生进行技能考核，并将技能抽测结果及时反馈给实习指导教师和学生，以便对第三学期的技能训练及时做出调整。第三学期结束即中级技能训练阶段结束，组织全体学生参加劳动部门的中级工考核，并将中级工作为获取毕业证书的一项必要条件。高级（特长）技能训练有两个方向，一部分挑选出的技能尖子生进行高级技能训练，大部分学生选择DMG车削技术或铣削技术为特长发展方向，引入行业认证考核，使学生经过考核获得DMG、西门子、海德汉共同认证的行业资格证书。除了在制度上对于技能教学的全过程进行有效的质量控制考核，学校还聘请了企业工程师、车间主任级师傅常驻教学车间，要求其全面负责质量控制，每月进行技能教学质量反馈。

（三）传帮带三级指导模式

考虑到学生的学习基础、学习特点、接受能力等个体情况的差异性，为了照顾到每一名学生，让每一名学生都能跟上教学的进度，主动参与到技能教学中来，同时为了弥补技能教学中教师人数少的不足，我们在技能实训中实施传帮带三级指导模式，取得了较好的效果。总体上把学生分成三个层次：第一层次为学习能力较强、技能水平突出的学生；第二层次为通过努力能完成项目任务的学生；第三层次为需要通过一定的帮助才能完成项目任务的学生。传帮带三级指导模式是教师先对第一层次的学生进行指导，使其成为“小师父”，然后让“小师父”带若干徒弟（主要为第三层次的学生），指导徒弟进行加工生产。对于第二层次的学生，是在他们自学、互相讨论的基础上，进行指导、点拨。这使学生的学习从教师的手把手教转变为以自我钻研、小组集体讨论为主，教师帮助为辅的模式，提高技能培养的辐射力和渗透力，从而提高学生的就业竞争力。

三、改革实践体会与思考

三级技能实训模式在宁波市职业技术教育中心学校数控专业实施后，取得了令人惊喜的成效。一是学生的学习面貌发生了根本性的变化；二是促进了教师的专业成长；三是推动了整个数控专业的建设；四是推进了整个学校的专业课程教学改革。

宁波市职业技术教育中心学校仍在继续探讨和实践深一层次的技能教学改革，如专业技能与综合技能的有效结合培养、专业技能实训资源库建设等。与此同时，我们也发现，在改革过程中，也有许许多多需要我们思考、实践、探索的地方，如技能项目的进一步拓宽、师生观念的进一步转化、技能教学评价体系的进一步完善等。

（原载《中国职业技术教育》2011年第29期，有修改）

Inventor在中职数控专业信息化教学中的应用举例

实现信息技术在中等职业教育教学中的普及和应用，推进中职教育教学资源信息化建设，是深化中职教育教学改革、提高教育质量的重要保证，也是中职教育信息化建设的核心。我们要利用信息技术改造传统教学，改变一支粉笔、一本教材、一块黑板的传统教学方式，全面推动信息技术环境中教师角色、教育理念、教学观念、教学方法以及教学评价等方面的变革。

如何使信息技术与学科教学有机整合，实现水乳交融，而不是貌合神离？如何发挥信息技术与学科整合的优势，有效突破教学重难点，提高教学效果和课堂效率？这两大问题是信息教学中存在的瓶颈，而有效选用教学软件是突破瓶颈的关键。

Inventor是Autodesk公司旗下的产品，它具有三维实体造型、模拟仿真、曲面造型和绘制二维工程图等功能。该软件使用广泛，功能强大，操作界面友好，易于学习和掌握。Inventor包含零件造型模块、装配模块、表达视图模块、工程图模块和钣金模块。我尝试将这些模块引入中职数控专业信息化教学当中，获得了很好的效果，既有效突破了重难点，又提高了课堂效率。

一、Inventor在机械制图教学中的应用举例

装配图是工程制图教学的最后一个环节，是学生前期学习的大综合。学生完成装配图的前提是必须对装配体本身的结构和功能比较了解。缺乏直观的教学模型，使得学生面对抽象复杂的装配图时，望而生畏，致使课堂陷入“学有所困、教有所难”的局面。将Inventor创新性地融入制图教学是一个成功的尝试。Inventor的装配和现实中的装配相通，通过添加不同的装配约束来模拟现实中的装配。装配约束提供装配、运动和过渡三类约束，在装配约束里有配合、对准角度、相切和插入等来约束平面或轴之间的装配关系。有了装配约束，装配体就具有了运动功能，就可以通过尺寸驱动来实现简单动态仿真。

在讲解机用虎钳装配图的视图时，凭借Inventor制作好的三维数字模型，仿真模拟机用虎钳的装配过程，因为真实直观，学生很快就弄清了零件相互的配合、定位等装配关系，再配合教师的讲解，马上就掌握了机用虎钳的工作原理。

在分析机用虎钳各个组成零件的视图时，学生再次面临难题：每个零件都是一个复杂的形体，都是由基本立体按照一定的方式组合而成。而多数学生因为空间想象能力有限，无法想象出组合体视图的形状，所以在画组合体视图时，都遇到了不同程度的困难。对于简单的组合体，我借助于Inventor进行建模，在课堂上可以现场演示组合体的形成；对于复杂的组合体，可以在课前画好模型，利用Inventor在课堂上演示组合体的形成，可以自由缩放旋转实体，让学生能从各个角度观察实体，增加了制图课的生动性，同时也大大提高了学生学习的兴趣。同时，利用Inventor的工程图模块，可以根据已经创建的三维模型，直接生成与其对应的视图，从而将三维模型转化为二维视图，帮助学生完成从三维到二维的转换。

二、Inventor在机械基础教学中的应用举例

平面连杆机构是“机械基础”课程中从静态力学知识的学习转到动态机构知识学习的转折点，如何把握由“静”至“动”的机会提升学生学习兴趣是一个挑战。将Inventor有效融入教学设计，将课堂搬到机房，取得了很好的教学效果。我在电脑中演示事先用Inventor做好的铰链四杆机构运动模型，边演示边讲解铰链四杆机构的定义和组成，同时让学生记录各杆的长度。通过Inventor模拟连杆现实运动，结合教师讲解，能够很快让学生完成知识点的理解和记忆，同时引发了学生继续探索的求知欲。在讲解难点——验证曲柄存在条件的正确性时，让每一位学生打开电脑中教师分发的Inventor素材制作的杆件库，学生自己在Inventor软件环境下随机组装两组铰链四杆机构，并判断其是否满足曲柄存在条件。

Inventor与“机械基础”课程的有效整合，打破了教师授课时教具不足的限制，利用Inventor便捷的装配、运动仿真功能，并以此为教学平台，利用学生已有的知识和兴趣点，不但给学生发挥主观能动性的机会，同时也通过学生自己的探究、发现，还学生以自由学习的空间。此外，还可以让学生初步了解一些机械设计和制造的知识，为后续的专业课程做好铺垫。

（原载《职业》2013年第12期，有修改）

“协同设计”在CAD教学中的应用初探

2000年3月，三个距离遥远的工程小组曾在7天内合作开发出一辆新型赛车。他们分别从美国波士顿（侧重于动力系统）、德国汉诺威（侧重于底盘）和日本东京（侧重于车身）通过互联网，共享和访问到彼此的信息资源，全球数万人通过互联网观看了这场汽车设计实例。德国大众公司的设计工作有1200多名供应商的参与。波音777客机项目作为20世纪90年代产品研发工作的成功范例，有238个多功能团队同时进行集中式协同研发，最终实现了研发周期缩短约50%的目标。纵观国内外优秀企业产品开发工作，已由个体化、串行流程的产品研发模式，转向上下游多方协同，兼顾设计、工艺、制造、客户、供应商、合作伙伴等并行的产品设计。信息交流在产品开发中越来越重要，“协同”已经成为当代产品研发策略的根本方向。

企业的CAD发展是日新月异，而我们的CAD教学却遭遇到发展的“瓶颈”。从最初DOS下的CAD到如今AutoCAD 2005，还有Pro/E、UG、CAXA等软件课程的开设，尽管软件的版本在不断升级，但是我们的教学方式却仍然停留在将图纸上已经生成的模型照搬下来，差别仅仅在于速度的快慢和尺寸的准确把握，相当于只是把一个事先由设计者已经详细构想好并设计完成了的产品通过计算机三维造型重新实现一下，CAD成了重复的工具。另外，学生基础和接受能力的个体差异，使我们传统的手把手教授方式遇到了很大的障碍。教师在课堂上讲授的内容是统一的，学生的层次又是差异很大的，往往一些程度比较好的学生对于教师讲授的内容“吃不饱”，与此同时，程度比较弱的学生却已经“消化不良”了。时间一长，程度比较弱的学生会产生放弃的想法，而程度比较好的学生的潜能没有得到充分的挖掘。

如何突破CAD教学的“瓶颈”，归根结底还是人的理念的转变问题。我在所教授的CAXA2005实体设计课程中进行了一些大胆的尝试，将企业最新的“协同设计”理念引入了CAD教学实践中。在教学中引入“协同设计”的概念有很重要的意义，能够让学生体验企业“协同设计”的理念，与原来课堂中在教师手把手示范下设计相比有了质的飞跃。这是一种头脑的革命，也是一种创新的尝试。将企业中的“协同设计”理念大胆引入CAD教学中，不仅使CAD技术和网络技术结合在一起，更重要的是它让不同的学生都参与到零件产品的设计过程中来，每个学生都能在设计过程中找到自己的位置，感受到自己在设计中的不可代替性、独一无二性，这使一些程度比较弱的学生重新树立了信心，而一些程度比较好的学生也接受了新的挑战。同时，在设计过程中，学生们可以明白团队精神的重要性，因为一个复杂零件的设计不是一个人的工作，而是整个团队共同合作的成果。

【课例链接】课题：平口钳设计（浙江省2005年“教学服务周”公开课）

我将全班学生分组，根据学生的差异性，让每个学生承担平口钳设计中各个不同零件的设计任务，为协同设计做好准备工作。平口钳的每一个零件设计完成后，让学生在设计小组内进行共享，进入装配设计阶段。学生将小组其他成员设计好的零件共享插入链接，利用三维球工具和无约束装配工具进行装配。

在设计这堂课的时候，考虑到学生已经具有一定的Internet和计算机操作能力，这就给“协同设计”的引入提供了良好的后援平台。在具体备课的过程中，最困难的还是分组协作，如何将全班的学生合理地分成若干个设计小组？每个设计小组中每个成员所分担任务的难易程度又如何分配？这两个问题如果不能得到有效解决，协同设计就将变成纸上谈兵。在这里，可以参考两个原则：一是学生的程度，二是学生的意愿。在将整个复杂的装配件拆分成若干个难易不等的零件以后，确定A、B、C、D、E、F六个不同的任务，并标上与之对应的技术难度。然后让学生根据对自身水平的估计自由选择任务，在这个过程中，教师将做适当引导，防止同一任务的选择人数过多。确定各自任务之后就是设计小组的建立，这个过程教师基本上不干涉，学生很快就组建了八个设计小组，并选出了设计小组负责人，小组的负责人将在整个设计过程中起到指挥和协调的作用。

“协同设计”让学生除了关注自己的设计外，还关注团队中其他成员的进度。在这次设计中，可以看到学生自发地互帮互助，整个团队的协作性得到了很大的提高。该课程中，完成设计任务不是最重要的，培养学生的“多元智能”，增强学生的团队协作精神，让每个学生找到自我、肯定自我、学会合作，才是最重要的。

（原文写于2005年10月）

基于数据驱动的在线学习状态分析模型及应用研究

——以“机械识图”课程为例

2020年春季，各地广泛开展线上教学，新的教学手段的使用令许多奋战在一线的教师和习惯了在教室里听课的学生产生了不适应感，引发了诸多的问题。

一、脱离了教师督促的“学”，如何保证线上学习的质量

在线上学习初期，教师的主要精力都放在如何熟悉平台的操作、克服初播时的不适，经过了一段适应期以后，教师渐渐游刃有余了，但是学生的学习兴趣从最初的新鲜好奇开始趋于疲态。居家在线学习是对学生学习能力的大考，缺少教师督促、同伴互助的学习氛围，隔着屏幕的学习效果究竟如何？教师发布在平台上的资源使用情况如何？在线直播时学生的专注度如何？脱离了教师督促的“学”，如何保证线上学习的质量？

（一）中职学生层次差异大，如何保证线上教学的针对性

中职学生的入学成绩差异比较大，“齐步走”的线上教学会让基础较好的学生“吃不饱”，而基础较差的同学依旧“跟不上”，导致教学效果不

理想。尤其是高三的学生，已经到复习冲刺的关键时刻，查漏补缺是最重要的，但每个学生的“漏”和“缺”都不尽相同，那么，该如何保证线上教学的针对性？

（二）家校督促职责易位，如何让家长共同参与线上学习

中职的家长不同于义务段和普通高中的家长，对居家在线学习普遍表现出一种事不关己的状态。在他们的认知里，学习是学校的事情、孩子的事情，和自己没有关系。这就造成孩子“学习上线了”，家长却“掉线了”，主要表现为辅助技术掉线、家庭监管掉线以及专业引导掉线。居家线上学习期间，家长和教师的督促职责发生了易位，如何让家长及时了解学生的学习情况，加强家校合作，让家长有效地参与到在线学习中来？

以上问题归结起来的关键是缺少对学生在线学习学习状态的深度分析。学生在学习中的投入水平、互动水平、耐挫水平、积极水平、学习态度等是影响在线学习效能的重要因素。对学生的在线学习状态进行深度分析，是提升在线学习效能的重要课题。

二、构建在线学习状态分析模型

实践期间，我和教研组的教师们根据已有研究基础、实践经验，充分发挥浙江省名师工作室团队的集体智慧，以中职机械类高职考理论考试科目的“机械识图”课程为例，形成个性化知识图谱，构建数据驱动的学习状态分析模型。

（一）采集数据，形成个性化知识图谱

“机械识图”是中职机械类高职考理论考试科目之一，占比约45%，是一门对知识应用能力要求较高的课程。面对时间紧、任务重的高职考试，为了响应“停课不停学”号召，本研究在学校网络教学课程平台上创建“机械识图”课程，组织宁波市职业技术教育中心学校17智能制造1班和2班两个高三平行班共68名学生，开展“直播+资源包”形式的线上学习。实验数据统计从

2020年2月10日开始在线学习起至3月13日，共计5周。

为了能对学生的知识掌握情况进行准确的诊断，需要通过测验、作业等途径采集结果性数据。首先对“机械识图”课程进行全面梳理，将其分为制图基本知识与基本技能、投影基础、组合体视图、图样的基本表示法、常用件和标准件、零件图和装配图六大模块。每个模块又细分成若干个知识点。导入题库中的客观题和主观题都紧密围绕《浙江省高校招生职业技能考试大纲（机械类专业理论知识）》要求，标注清楚每道题的难度和对应知识点，以此能科学、准确地衡量出学生的知识点掌握程度和能力与知识之间对应关系等。

在线学习第一周（2020年2月10—14日），每班教学安排：2次线上直播+2次平台在线辅导，作业为每日20道题客观题，一周（按5天计）共计100道题。从宁波市职业技术教育中心学校自主研发的智慧校园教育大数据生态分析平台导入在线学习数据，形成学生“机械识图”课程个性化知识图谱1.0版。

在线学习第二周（2020年2月17—21日），在第一周的教学安排的基础上，根据知识图谱1.0版，平台针对学生知识的缺漏进行个性化学习资源的推送。导入在线数据，形成学生“机械识图”课程个性化知识图谱2.0版，与1.0版比较发现，62%学生的知识图谱有改进，27%学生的知识图谱几乎没有变化，还有11%学生的知识图谱缺失程度更加严重。

数据结果表明：尽管有个性化的学习资源推送，仍有近三分之一的学生在缺少教师督促下的在线学习效果不尽如人意，学生缺乏学习主动性、积极性，再好的资源都只是搁置在平台上的一堆数据。因此，提升在线学习的效能要从单纯地关注结果性数据，转向关注过程性数据，即对学生学习状态的关注。

（二）选取指标，构建学习状态分析模型

学习状态是指学习者在学习时的心理、情感、态度、思维等活跃、积极、接纳、参与状态的综合，是学习者在学习时的身心投入程度。已有研究表明，不同学习状态能产生不同的学习效果。目前的学习状态分析研究，主要分为两类：一是基于学习者网络学习交互数据，如学习进度、学习内容、学习轨迹等来分析学习者的知识建构过程、学习能力等状态；二是根据学习者的生理信号数据，如脑电波、眼动仪、皮肤电等数据，分析学习者的学习疲劳及关注点。

为有效对学生的学习状态进行数据分析，本研究选取及时水平、投入水平、互动水平、耐挫水平、积极水平、学习态度、阶段成效七个维度作为分析在线学习状态的行为指标项。

关于学习状态分析模型，国内外研究主要分为四类：①以西门子（Siemens）的学习分析过程模型为代表的线性学习分析过程模型；②以埃利亚斯（Elias）的持续改进循环模型为代表的反馈完善分析模型；③以伊芬塔勒（Ifenthaler）的学习分析框架和刘清堂等的学习分析循环架构为代表的环状学习分析模型；④以SOLAR学者的整合式学习分析系统为代表的多因素模块化学习分析模型。本研究在学习状态指标的基础上，结合西门子的学习分析过程模型和埃利亚斯的持续改进循环模型，构建了数据驱动的在线学习状态分析模型。

针对学生在线学习的过程性数据是从学习状态的七个维度的分析行为指标项细化而来的，关注学生在线学习的过程。根据数据的处理、分析，能够准确获得学生学习状态七维数据。

三、应用模型，提升在线教学效能

在线学习第三周至第五周（2020年2月24日—3月13日），在原教学安排基础上，根据知识图谱2.0版，平台针对学生知识的缺漏继续进行个性化学习资源的推送，同时应用学习状态模型对学生的在线学习过程性数据进行采集分析，当学生行为指标特征出现异常或低于设置标准线时，会给学生和家长发送预警通知。根据学生自我反思、教师引导、家长督促和个性化资源推送等一系列预警、干预和支持行为，在线学习数据也会发生相应改变，从而形成在线学习数据、学习状态特征和结果与反馈的整个过程循环更新、动态变化。

经过三周的学习状态应用模型实验，在线学习的效能有明显提升，一方面学生的知识图谱改进明显，86%学生的知识图谱有改进，11%学生的知识图谱几乎没有变化，3%学生的知识图谱缺失程度更加严重；另一方面，在家长的配合督促下，学生的学习状态行为指标指数也有明显改善，直播到课率、学习页面访问次数、资源下载次数、视频观看时长等数据有明显增长。

实验表明，数据驱动的在线学习状态分析模型所呈现的结果，为调整更为合理、适合学生在线学习方式和教师在线教学方式提供了依据，能够提升在线学习的效能。

第一，在线学习状态分析模型能够让教师在无法面对面对学生学习情况进行管控的情况下，及时了解学生的学习状态，调整教学难度和教学方式，引导学生的学习行为，激发学生的学习主动性，防止出现学生“脱管”和“溜课”现象。

第二，在线学习状态分析模型能够使个性化知识图谱不断改进。学生的学习状态是在线学习的驱动力，通过学生自我反思、教师引导、家长督促等一系列预警、干预和支持行为，能够让学生在居家在线学习时保持良好的学习状态，从而根据知识点的缺漏，在个性化资源学习的基础上，向教师寻求指导和帮助，不断改进自己的知识图谱，争取在紧张有限的居家复习期间，实现“弯道超车”。

第三，在线学习状态分析模型增强了家校合作。居家在线学习，督促学习的任务从教师转移到家长身上。数据驱动在线学习状态分析模型让家长能及时了解到学生的学习情况，从而有的放矢地进行督促。同时，学生知识图谱的改进、学习状态的改善也让家长焦虑的心情得到平复，家校关系更加紧密，形成良性循环。

四、结语与展望

理想化的在线学习样态的特征是：学生能够主动地投入学习，能够实时了解自己的学习情况，能够针对自己的实际情况选择适合自己的方式、环境和学习伙伴，随时得到教师的针对性指导并顺利完成学习活动。这样的教育样态在现阶段实施起来还有很多困难，因此，下一步要进一步完善学生个性化知识图谱的细化，使大数据更加系统、精准；进一步融合名师团队的教学智慧，提高支撑资源的品质。

（原载《职业教育》2020年第11期，有修改）

㊁

第二重

对专业建设的思考

适性教育视域下的增材制造技术应用专业育人模式探索

增材制造技术引发了制造工艺的新变革，这对制造业尤其是高端制造业的发展非常重要。但由于发展速度太快，相应的人才培养和储备没有跟上，导致人才供需严重失衡。为此，教育部于2019年在《中等职业学校专业目录》中新增增材制造技术应用专业。近几年，各地开设该专业的学校增长迅猛，快速扩张后的问题不断显现，专业热度、吸引力下降很快，这对增材制造人才培养提出了新的考验。宁波市职业技术教育中心学校于2020年开设增材制造技术应用专业，创新实践“5432”育人模式，破解新兴专业人才培养难题，从根本上增强了职业教育的适应性和吸引力。

一、增材制造技术应用专业开设背景

（一）产业背景：增材制造快速发展，人才供需严重失衡

《中国制造2025》提出把增材制造作为发展智慧制造业、推动生产流程自动化、推进核心技术与装备发展的重要领域。同时，增材制造入选国家统计局发布的《战略性新兴产业分类（2018）》，无论是产业链发展还是市场规模，都具有巨大的发展空间。随之而来的，是增材制造从业人员缺口加大，社会亟须更多能对接岗位的高技能复合型专业人才。

（二）政策背景：以因需制宜为导向，赋能人才培养生态

2018年，人社部为推动增材制造技术的发展，在《全国技工院校专业目录》机械大类中新增3D打印技术应用专业。2019年，教育部印发的《中等职业学校专业目录》中新增了增材制造技术应用专业，该专业成为加工制造大类专业中茁壮成长的朝阳专业。2022年5月1日，新修订的《中华人民共和国职业教育法》正式实施，明确提出“增强职业教育适应性”，这既是对新时期职业教育发展境遇的回应，也是对职业教育高质量发展的期望。

（三）现实背景：多种学制一体贯通，打造优质职教品牌

目前，中职学校和高职院校二元主体并存，对人才培养过程系统化控制不够，一定程度上存在主体不明、职责不清、质量不高等状况，以及“两校”“两地”“两段式”培养的困境，难以满足高素养技术技能人才培养的要求。宁波市职业技术教育中心学校增材制造技术应用专业实施中高职五年一体化、职普融通（三年后参加“职教高考”）人才培养模式，可以在课程一体化、实习实训一体化、校企对接一体化等方面有所作为，为人才的高质量发展奠定基础。

二、“5432”育人模式内涵解析

“5432”育人模式中的“5”是指政府、合作办学的高校、合作企业行业、普通高中和中职学校“五方协同”，积极探索纵向贯通（中高职一体）、横向融通（中—企—高协同、职普融通）的人才培养模式；“4”是指育人模式构建中的“四融通”，包括校企合作“物”融通、学徒与学生的融通、教学与生产的融通、企业人才标准与学生培养目标的融通；“3”是指搭建育人“三平台”，即产教校企共同体平台、中高职师资平台和社会服务综合平台；“2”是指校企合作共建“两中心”，即885创想设计制造中心和增材制造实训中心。

“5432”育人模式能够推动中职学校、高职院校和企业三方资源统筹与共享、技术创新与服务、人才培养与交流、学生就业与创业，培养服务于宁波智能制造的“三高”（高水平、高素质、高技能）人才，成为宁波职业教育产教深度融合的实践样本。

三、适性教育视域下的增材制造技术应用专业“5432”育人模式创新

“适学、适产、适技”的适性教育，即根据区域产业需求和岗位技能特征，充分尊重学生禀赋、个性、兴趣与能力的差异性，构建符合学生职业理想的专业，设计适合学生生涯发展的成长路径，提供适合学生知识技能基础的课程教学，最终实现“人人皆可出彩，人人皆可成长”的职教初心。

（一）适学：“五方协同”升级人才培养质量

政府、合作办学的高校、合作企业行业、普通高中和中职学校“五方协同”，以培养高水平、高素质、高技能的增材制造技术技能人才为目标，积极探索纵向贯通、横向融通的人才培养模式，升级增材制造技术应用人才培养质量，构建基于“岗课赛证”融通的课程体系，让不同禀赋、不同个性的学生都能找到适合的发展路径。

（二）适产：“四融通”创新“中高企”育人模式

学校通过与产品设计企业Autodesk公司、宁波制造业头部企业韵升集团、南京增材制造研究院、宁波职业技术学院等校企共同体共建共享基地，实现校企合作“物”融通；通过校企人员交流、培训，实现学徒与学生的融通；通过高校和企业教学模块、课程资源开发与引入，实现教学与生产的融通；通过职业资格认证、1+X证书，实现企业人才标准与学生培养目标的融通。

（三）适技：“三平台两中心”培养“三高”人才

打造高水平的产教共同体平台。学校积极搭建由高校、中职、智能制造企业共同参与的增材制造校企共同体，构建服务宁波地区增材制造技术人才

培养的培训中心。高校、企业和中职学校签订增材制造人才培养协议，明确三方的权利和责任，以协商共治、创新驱动、利益共赢为原则，积极探索人才培养方案，培养服务宁波智能制造的“三高”人才。

打造高水平的中高职师资平台。校企共同参与行业企业标准制定，共同开发行业企业培训标准与课程标准；开发线上和线下混合式培训课程资源包，为增材制造方向师资开设技能提升服务，打造区域中职增材制造师资培训平台。校企合作共建企业导师、高校导师、学校专业教师专兼结合的“双师型”教师队伍，实现企业工程师与专业教师的双向互聘，建立企业工程师流动站。专任教师深入企业一线，将企业真实典型的项目案例修改完善为教学项目，将企业生产标准、企业文化结合思政元素融入教学内容。在省名师工作室的基础上，建设高水平教师教学创新团队。

打造高水平的社会服务综合平台。社会服务综合平台包括体验和培训两大服务功能。其中，体验功能是指开发面向中小学的职业启蒙和职业体验课程，在服务社会的同时提高专业影响力；培训功能是依托教育部1+X“机械数字化设计与制造职业技能等级（初级）证书”项目，构建服务宁波地区的增材制造技术人才培养中心。

共建885创想设计制造中心。885创想设计制造中心是集创新、教育、服务于一体的基地，与企业、行业深度产教融合，可以为学生提供参与企业真实项目的学习、实践机会。中心还提供一系列的培训课程和工作坊，服务于学生和校外培训人员，帮助他们学习和掌握各种产品创新设计和增材制造技术，让师生在数字化设计和增材制造领域走在行业前端。

共建增材制造技术实训中心。校企共建基于“岗课赛证”融通的增材制造技术实训中心。实训中心尽可能还原企业真实的生产环境，实训内容满足增材制造技术岗位要求，进行数字化设计、数字化制造等方面的技能实训，让学生进一步理解数字化设计与制造等方面的知识，提升相关能力。

四、“5432”育人模式阶段性成果

自“5432”育人模式实施以来，近三年，学校增材制造技术应用专业师生在各级各类技能竞赛中多次获得一等奖。同时，育人模式的创新实践也提升了专业教师的教科研能力，造就了一批科研型、技能型、综合型骨干教师。团队成员获得2022年由浙江省职业技能教学研究所主办的第二届全国建材机械工业职业技能竞赛浙江省选拔赛——增材制造设备操作员（建筑材料）一等奖，被授予“全国技术能手”称号。专业教师编写的《机械制图（少学时）》活页式教材、《机械制图与计算机绘图（第2版）》、《轻松玩转Inventor产品设计》等5本教材正式出版。“玩转零件测绘”获评浙江省职业教育在线精品课程、“机械识图”被评为省名师金课。

除此之外，专业教师积极转型，探寻产教融合的实训模式与管理机制。在共建、共享、共育、开放的基础上，学校与Autodesk公司、南京增材制造研究院、宁波职业技术学院等企业与高校合作创建了创新创业实训基地，开展企业现场实践教学，孵化创新创业项目，取得了很好的效果。增材制造技术应用专业被立项为宁波市紧缺专业，获80万元财政专项资金支持，并被教育部批准为“机械数字化设计与制造”1+X证书试点。

（原载《留学》2024年第5期，有修改）

基于工作过程的工业产品设计专业课程体系构建与实施

当前，我国工业产品设计产业市场巨大，而人才匮乏已经成为制约工业产品设计产业水平提升的重要因素，人才结构失衡导致工业产品设计人才缺口加大，一方面是技能型职业岗位仍处于不饱和状态，企业找不到可以马上投入生产应用一线的人才；另一方面，相关毕业生找不到合适的工作，高职和普通高校工业产品设计专业的毕业生就业形势总体来说并不理想。这对工业产品设计人才培养提出了新的考验。课程体系相对滞后、重理论轻技能是该专业毕业生就业较难的关键原因。通过对市场的调研，宁波市职业技术教育中心学校率先在中职开设工业产品设计专业，结合中职教育特点，改革高职现有课程体系，坚持以学生为本位和以企业生产流程为导向，根据学生的个性化差异，将生产流程转化为工业产品设计项目任务集群，以职业岗位工作流程为导向设置课程模块，在学习流域进行岗位轮训，优化课程结构，切实贯彻“做中学”“学中做”的工学结合的职业教育理念，着力培养高质量的技能人才，最终目标是实现学生零距离就业。

一、基于工作过程的工业产品设计专业课程开发流程

本课程体系既参照工业产品设计公司的生产流程和生产管理制度，同时

又通过分析企业的岗位职责，对企业里适合中职学生的典型工作任务进行分析，贯穿于一个完整的生产项目之中。通过课程的学习，可以帮助学生建立起良好的工作顺序和职业习惯，让学生从课程学习中体验职业化的氛围。在实施课程改革过程中，立足于生产流程，着眼于课程知识体系的实效性，形成以专业实训大纲为教学指导，典型项目任务驱动的课程改革模式，突出做与学的关系，解决课程教学与岗位就业的衔接问题。

二、基于工作过程的工业产品设计专业课程体系构建

根据企业生产流程确立课程开发的原则和方向，打破传统的学科体系，形成符合实际生产需要的课程体系。通过以生产流程为导向的工业产品设计课程改革调整专业课程设置，根据工业产品设计各层次的专业课程，整合各课程实训知识要点于一个完整的生产项目流程，再按照工业产品设计工作流程，分析职业能力需求，构建实践教学体系形成与企业接轨的产业化流程式实训教学状态。将实践教学体系分为职业基础能力训练模块、职业专项能力训练模块和职业综合能力训练模块三个梯度，每个梯度对应相关的实训，贯彻工学结合的职业教育理念。

三、基于工作过程的工业产品设计专业课程体系实施

（一）建立基于工作过程的实践教学体系

在实践教学过程中，先进行职业基础能力（第一、二学期）和职业专项能力（第三学期）的单项训练，以达到基础能力扎实，专业能力“必需、够用”的目的。在实践教学过程中，所有实训课程实施理实一体化教学，并选择典型产品为载体，组织教学内容，把专业知识渗透到实训教学内容中。这种做法大大提高了学生学习专业知识的兴趣，并解决了理论与实际操作互相脱节的问题。通过单项训练，学生的实际操作技能得到很好的训练。

学生完成单项技能实训后，进行生产实习、顶岗实习和综合实训。学生

通过到企业生产实习，熟悉企业产品设计的整个工艺流程，并感受企业的生产经营管理和企业文化，了解企业管理的基本知识和工作流程，为就业奠定良好的基础。通过产品设计综合实训，学生能更深入、全面和系统地掌握已学习的基础理论，并将理论知识贯彻到实践应用中。产品设计综合实训完全按企业生产流程进行管理与操作，缩小学校与企业的差距，使学生能更快适应企业的需求。产品设计综合实训的总体操作流程如下：

学生分组→产品分析研究→确定设计方案→构思产品草图→完成产品效果图→产品三维建模→产品工艺编制→产品模型制造→产品模型装配→产品调试。

为了保证实训质量，学校成立一个由多名教师组成的工业产品设计综合实训指导小组，实训时间为10周（课内6周，课外4周）。

（二）建立基于工作过程的课程教学评价体系

在课程改革中，坚持以学生为中心的理念，充分尊重学生的个性差异，这与工业产品设计专业课程改革、企业用人记忆工程体系的要求是完全吻合的，在工业产品设计的生产流程上不需要样样精通的全才，需要的是一技之长的专才，在“一专”的基础上再具备其他流程的基本能力，确保学生职业生涯的可持续发展。这就需要我们改变以往的课程考核评价方式，对学生的专业学习有一个客观、科学、合理的评价。因此，结合工业产品设计专业特点和学校具体情况，我们建立和完善选秀制度、学分制度和学分互认制度，激励有不同专长基础的学生根据自己的兴趣、能力需要多元化发展。

在工业产品设计专业取消以期中和期末考试为主体的考核方式，改为项目考核制度，建立起一套完整的专业技能考核体系，采用阶段目标考核与学分制相结合，每个子项目的阶段考核均参考企业技能的执行标准进行，大的项目制作考核由专业教师和企业技术人员共同进行考核评价。定期进行教学项目成果展示，总结阶段项目成果。通过多元的考核方式促使学生的专业技能不断提高，并邀请行业相关专家制定项目考核的要求和标准，以确保课程评价体系的合理性与实用性。每学期按能力培养项目的考核标准进行能力考核，考核合格后，可以取得相应的等级证书、行业认证证书和学校颁发的技能级别证书，逐步形成知识和能力的双考核体系。

（三）建立基于工作过程的专业教师队伍

课程改革的成功与否，其决定因素在于专业教师队伍的建设，一支结构合理、技术过硬的专业教师队伍是课程改革成功的保证。因为工业产品设计专业对于中职来说是一门新兴的复合型应用学科，所以宁波市职业技术教育中心学校针对该专业的特点专门成立专业课程改革小组，由计算机教师、机械教师、美术教师和产品设计专业教师共同组成，根据专业教师的自身特长进行明确分工，优化师资队伍，充分发挥教师的专长，强化教师自身专业水平，转变教师的角色，使之成为产业化流程上“一专多能”的指导者和组织协调者。分四种途径打造专兼结合的“双师结构”教学团队：通过外部引进和自主培养双管齐下学科带头人；培养骨干教师主要通过下企业实践；青年教师的培养一方面通过下企业实践，另一方面是校内的师徒结对帮扶；最后是外部引进聘请企业导师。

课程体系开发是需要前期的专家认证与人才培养实践的检验，并不断在意见和建议中逐步完善的螺旋上升过程。使用基于工作过程的方法开发的课程体系是为了更好地满足职业教育中职业性、适应性和全面发展能力培养的要求，是职业教育课程体系的发展趋势。因为无论是工业产品设计专业，还是基于工作过程的方法，均处于探索阶段，具体实施中还面临一些问题：例如，建设能够体现工作过程和“理实一体化”教学理念的实训室，开发适合中职的专业教材和学习资源库等，需要我们在今后的实践中不断探索、不断完善。

（原载《中国职业技术教育》2011年第18期，有删减）

创新素养培育与专业教学“四融合”的路径探索与实践

2016年9月，教育部发布的《中国学生发展核心素养》明确将“实践创新”写入六大素养之一，创新素养作为核心素养的重要组成部分，必将成为今后教育研究的一个重要方向。我们对浙江省15所中等职业学校的创新创业教育情况进行了实地考察和问卷调查，对中职学校的创新创业课程设置、教学成效、师资情况、设备投入、活动开展等方面进行调研，共回收学生网上问卷673份和教师网上问卷47份。经研究发现，中职学校的创新创业教育已经全面铺开并且取得了一定的成绩，参加调研的学校半数以上已经建有创新实验室、“创业一条街”或者创业园。但其中也存在一些问题。

一、中职创新创业教育现状及问题分析

（一）创新创业教育与专业目标分离

很多中职学校对创新创业教育的认识仍然停留在“开一门课、设一条街、添一些设备、建一个创业园”的层面，与专业人才培养目标关联度不大。对创新创业教育的成效评价多以媒体关注度、比赛获奖等级数量、店铺经济效益来衡量，“热闹”表象的背后是对创新创业教育的专业内涵缺乏认知。

（二）创新创业课程与专业教学割裂

笔者发现不少中职学校把创新创意教育等同于创新创业基本知识、理念的学习和创新思维训练。创新创业课程与专业教学关联度不大，并在实施过程中演变成为“零打碎敲”的几个项目组合，缺乏整体性、系统性、融合性。创新创业教育的“孤岛化”效应使得学生很难将创新创业课程学习与专业知识相结合，更无法为未来职业发展做准备。

（三）缺少专业化创新创业师资

创新创业师资问题比较突出，并且成为制约学校创新创业教育发展的一大难点。在参与调研的47名教师中，专业课教师31名，文化课教师16名。参与过创新创业教学或者活动的教师只有36.2%；58.1%的专业课教师认为，投入创新创业教育有些不务正业，会影响自己的专业发展；68.8%的文化课教师认为，创新创业教育与他们无关，无须涉足。

（四）创新创业课程的评价方式单一

在开设有创新创业课程的学校，参与调研的学生中认为目前的创新创业课程评价方式单一，不能突出个性的占比达到61.7%，沿用传统的“平时+期末考试”形式的占67.8%，认为评价方式影响自己创新创业兴趣的占75.9%。由此可见，传统的、形式单一的评价方式不能满足学生创新创业学习的需求，甚至会极大地影响学生的学习兴趣。

二、创新素养培育与专业教学融合的路径实践

技术技能离不开专业教学，创新创业教育与专业教学融合，是打通创新创业教育与专业关联渠道的有效途径，最终能够有效培育中职学生的创新素养。创新创业教育与专业教学有效融合，不仅是简单的知识叠加，而且是创新创业理念与专业教学目标、创新创业课程与专业知识技能、创新创业师资与专业项目设计、创新创业评价与企业行业标准的全方位的融合。

（一）创新创业理念与专业教学目标融合

中职创新创业教育以培养创新创业人才为根本指向，它以培养中职学生的创新创业意识、创新创业思维、创新创业精神和创新创业能力等创新创业素质为核心。中等职业学校的教育和普通高中的教育相比具有特殊性，其特殊性在于中职教育具有专业特点，中职学生除文化课外还需要学习专业知识和技能。因此，将创新创业理念与专业教学目标融合，才能充分发挥各专业教育教学的创新创业教育功能，在此基础上适当培养学生基于专业技能的创新创业实践能力，让学生时时感受到“创新就在身边，创新人人可行”，从而兴起创新欲望，建立创新自信。

在实践过程中，学校把创新创业教育的理念与专业教学目标融合，结合专业特点，围绕创造（creativity）、创新（innovation）和创业（entrepreneurship）三大模块，让学生经历“创造—创新—创业”全过程体验。通过专门化课程形式的创新创业教学活动，培养基于专业技能的创新创业实践能力，使创新创业教育真正成为与人的创新素养培育相统一的教育，构建中职CIE课程体系。

（二）创新创业课程与专业知识技能融合

创新创业教育与专业教学融合除了理念和目标的融合，在实践层面上将创新创业课程与专业知识技能融合是打通创新创业教育与专业关联渠道的最佳途径。脱离了专业知识技能的创新创业课程是无源之水、无本之木。中职CIE课程体系是以创新创业教育为主线，构建创造思维类、创新嵌入类、创业实践类三大类课程体系，通过通识培养、赋能训练、项目实践，分段递进培养中职学生的创新创业能力。

1.通识培养奠定创新底色，凸显创新素养培育的全面性

以创新创业教育为主线，构建创造思维类课程作为通识培养课程，让学生认识创新创业。第一层次的创造思维类课程是面向全校所有专业学生开设“校园‘爱迪生’”“我要当BOSS”等创新创业通识培养课程，点燃学生创

新创业的激情。创造思维类课程作为培养学生创新素养的第一阶段课程，注重创智启蒙、开阔视野，坚持教学目标和育人目标的有机统一。

2. 赋能训练强壮创新“筋骨”，凸显创新素养培育的选择性

以创新创业教育为主线，构建创新嵌入类课程作为赋能训练课程，是将专业实训项目、跨学科跨专业研修项目等模块嵌入专业课程，同时设立分方向的学期综合实训项目作为创新创业实操类课程，以专业课程为载体培养学生的技术技能和创新能力。

创新嵌入类课程作为培养学生创新素养的第二阶段课程，注重体验训练、培养能力。将创新理念与专业知识融入课程内容，从真实的生活生产中筛选出“真”项目，并通过分工协作的方式完成项目。一个教学项目的完成就是一个创意设计或者创新创业的过程。在创新嵌入类课程的学习中，我们不是要培养面面俱到的“全才”，而是鼓励有一技之长的“专才”，再通过分工协作的方式完成项目。所以在学期综合实训项目学习时，学生就需要根据自身的需求和特长选择适合自己的方向。

3. 项目实践锻炼创新实践能力，凸显创新素养培育的实践性

以创新创业教育为主线，构建创业实践类课程作为项目实践课程，开设网店策划装修、商品拍摄、运营推广等创业实务类课程，使学生掌握创办网店所具备的知识，并在学校创业孵化基地开展项目模拟实践和创业实践。

创业实践类课程作为培养学生创新素养的第三阶段课程，注重对接市场、创业实战。创业实践类课程在开发时，创设基于创新创业的真实环境，让学生了解创新创业活动过程的内外部规律，打破传统的课堂教学，将学生的教学实践与企业实景项目有机结合，按照“教学项目化、实训真实化、实战教学化、考核过程化”的思路，创新专业课堂教学。

（三）创新创业师资与专业项目设计融合

创新创业教育师资不是哪个专业、哪门学科的教师可以独立胜任的，创新创业教育过程中应用的知识、技能都是跨学科、跨专业的，所以，要打

造一支能够胜任创新创业教育的师资团队，就要打破学科与学科、专业与专业、学校与企业、中职与高校之间的壁垒，打造无界化的师资团队。

例如，为了破解电气设备故障排查难点——电缆断点位置判断，学校通过电子电工、机械、计算机、语文等不同专业学科教师和学生及专利事务所、软件公司等企业技术人员的团队协作，共同研发了“电缆断点查找仪”，不仅获得宁波市中等职业学校学生创新创业大赛发明创造类一等奖、国家实用新型专利，并被企业以56万元买断。这种协同整合式的专业项目研发打破了教师间专业与专业、专业与学科的分离状态，如同黏合剂使他们相互连接更加紧密，淋漓尽致地彰显了无界化教学团队的协作功能。

（四）创新创业评价与企业行业标准融合

创新创业的评价应有别于传统的文化课、专业课评价，评价应重点关注学生创新素养的培育，融合企业行业标准，促进学生的创造力开发。不同的课程应根据课程的特点创新评价方式。例如“工业产品设计”课程，我们对学生的课程学习进行形成性评价，关注学生学习的整个过程。对学生学习的评价不仅包含终结性评价，还包含学生学习过程中的各个环节的考察。对于上交的项目作品，采用多元化的评价方法。创新创业课程切忌闭门造车，总结阶段的项目成果展示需要邀请企业、行业的专家共同参与评价，与企业行业的相关标准融合，这样设计出来的作品才能落地，才有实用价值。

三、思考与展望

学校在创新素养培育与专业教学“四融合”路径方面做的探索实践取得了一定的成效，打造了一支无界化创新创业教学团队，焕发了学生化茧成蝶的成长生机，提升了学校社会影响的清源活水，创新创业教育已经成为学校一张亮丽的特色名片。但是在创新创业教育推进过程中尚存在一些问题，有待下一阶段继续深入研究实践。

（一）设立创新创业专任教师序列

建立创新创业课程专任教师队伍，是顺利推进创新创业教育的“重要一极”，为了有利于创新创业师资专业化建设，鼓励更多的优秀教师加入创新创业的师资团队，有关部门有必要设立创新创业专任教师序列。目前的教师职称晋升、专业荣誉评审等还没有设立专门的创新创业序列，从事创新创业教学指导的教师不得不回到本专业和本学科参加评审，而根据要求，本专业和本学科的成果才能作为代表成果，创新创业成果比较难以认定具体属于哪个专业和学科，往往不能得到应有的加分，这就让从事创新创业教学、指导的教师处于比较尴尬的境地，也直接造成青年教师从事创新创业教学、指导工作的积极性受挫。

（二）实施创新创业有效教学方式

作为职业教育的另外重要一极，“课堂教学”总是一个令人深感沉重的关键词。在职业教育进入内涵发展“深水区”的今天，创新创业教育在不断开发适合中职学生课程的同时，如何有质量、有成效地将这些课程落实到课堂教学，发挥出它们的最大效益，是我们下阶段要重点研究的内容。我们要以丰富多样的教学内容和多元活泼的教学方式，激发学生内在的学习兴趣，培养学生乐于学习的态度，并在此基础上实施有效教学，创建课堂“经济特区”，真正将创新素养培育落到实处。

（原载《职业教育》2019年第18期，有删减）

项目教学在数控专业教材开发中的思考与实践

专业课教学在中等职业学校教育中占有特殊重要的地位，是学校办学特色和优势的直接体现，同时也代表着学校的办学水平。专业课教材如何适应课程改革的需要，满足职业教育的要求和学生就业的实际需求，已成为进一步深化课程改革的重要课题。数控专业课教材在中等职业学校使用比较广泛，但在教材的开发上还存在一些问题和困难。由于中职学校专业课门类繁多，各专业特点有一定差别，教材的形式、特点、体例和模式等有所区别，本文仅就中等职业学校数控专业类教材的开发进行探索和研究。

一、中等职业学校数控专业教材现状

教材建设是否适应教育发展、存在哪些问题、怎样加以改进，是我们面对的重要课题。为此，我们对浙江省宁波、温州、台州等地区的中职学校数控类课程和教材的现状进行了调查研究，调查对象为教师和学生，调查方法主要采用教师问卷调查和学生座谈，对浙江省19所中职学校中的68位机械专业课任课教师进行问卷调查（其中20%以上教师参加过教材编写）；举办毕业生和在校生共同参与的学生座谈会（245个样本）。

通过调查，我们认为中职学校机械类教材存在着以下问题和不足。

（一）教材缺乏指向岗位群需求的针对性

65.3%的教师认为现有教材大多按传统的学科知识体系进行编排，体例结构均使用固定框架，强调学科本身知识体系的完整性，过分强调学科基本知识、知识结构与学科认知结构的协调，教材在反映知识的综合运用上有待进一步提高，且内容缺乏与相关行业和国际职业资格证书的衔接。

（二）教材不利于学生自学

81.2%的学生认为教材理论知识较深，与学生的实际认知能力有一定差距。63.1%的学生认为教材的案例和习题较少。教材不符合中职学生本身的特点——中职学生就是由于学习能力差而被普通教育淘汰下来的，如果继续强调教材的知识系统性，势必会引起学生的反感。

（三）教材内容老化

67%以上的教师认为教材内容更新速度慢，如果是一本优秀教材，那沿用的年限就会更长。教材内容缺乏对新知识、新问题、学科新发展的涉及，知识内容与行业科技前沿和世界先进水平有一定差距，不能完全反映现代科学技术的发展水平。

（四）教材设计过于单调

79.4%的学生认为教材版面设计不够生动。教材的表达方式局限于文字，陈述性语言过多，缺少形象的图像与文字相配合，不利于学生对教学内容的理解和掌握；编写格式死板，不利于引起学生的学习兴趣。

（五）教材不利于学生创造能力的培养

87.4%的教师认为教材缺少涉及教学方法的设计，教材主要是为教师教学设计的，不利于中职学生开展自主性学习和创新能力的培养。

二、将项目教学引入数控专业教材开发的必要性

在数控专业教学中，应如何调动学生的学习积极性、主动性和创造性，把教学计划完成于“寓教于乐”之中呢？其中一种行之有效的做法就是德国

教育专家费雷德·海因里希教授提倡的“项目教学法”。项目教学是借用实际生产实践中的“项目”概念，把教学内容分成若干“教学项目”，通过完成项目规定的具体任务达到教学目的。它的“任务模式”区别于现在普遍的“知识模式”，教师也从一个讲授者的角色退居到辅助者的角色，把学习的中心交还给了学生。我们之所以觉得项目教学可能会适合职中的学生，是因为对他们来说，学习的最后目的不只是获得“知识”，更是要具备实践技能，能完成具体的任务。对教师来说，实施项目教学也是一种帮助他们重新认识教学关系的机会。

我们对入校学生做过相关的心理测试，结果表明98%以上的学生智力都是正常水平。但是他们之所以会成为九年义务教育的“失败者”，主要弱项在于学习习惯不好，没有学习自信心。如果职业教育的教学还沿袭中小学传统的教学模式，想要在这样的情况下促成学生学习的成功体验几乎是不可能的。职业学校的学生有其不足，但也有其优势，那就是他们入学的时候对自己选择的专业是很感兴趣的。所以我们考虑在学生入学后从专业课入手改变教学模式，将项目教学引入数控专业教材开发中。按照项目教学理论，我们把教材内容根据社会实际生产情况进行重新组合，课程由几个项目组成，项目下又细分成各个任务，打破了原来强调知识系统性的教材结构，学生学习时不再以理解知识体系为目标，而是以完成具体的大小任务为目标。按照任务结构，学生的认知水平对专业知识进行了重新组织，形成了完整任务下的知识结构，通过完成项目任务达到对知识的理解和建构。

三、项目教学在数控专业教材开发中的实践

我们首先在数控专业技能课程中进行了项目教学教材开发，以“CAD/CAM建模与实训”课程为例。以前教师在教授CAD/CAM软件类课程时，学生手里一本教材，教师手里拿十几本教材，不同的章节、不同的例题择优使用。目前市场上的教材后面配的实训题目少得可怜，要让学生巩固知识，要

到处复印零件图，教师备课工作量很大，效果还不理想。以前学生学习CAD/CAM软件是一个命令一个命令地学习，命令学习积累到一定程度时，才开始涉及具体任务，进行零件的简单建模。对于职业学校的学生来说，可能存在的问题就是积累到可以进行建模时，他们已经忘记了学过的命令，而且他们很难把以前学过的零散的知识重新建构之后再应用到具体任务中。如果前面学习过程中出现一个小小环节的失败，就会导致整个学习的失败。

用项目教学的理论来编写教材，教学的模式就是从任务出发，将整个课程分成几个大的课题，每个课题包含具体的项目。先让学生根据具体的项目要求，按照教材中的项目实施流程，一步一步完成项目。然后，通过知识链接的方式在项目实施以后具体讲解其中的重要知识点。我们在编写《CAD/CAM建模与实训》教材时，就采用了项目式教学法编排，包括了典型的轴类零件设计、盘类零件设计、叉架类零件设计、箱体类零件设计、工业产品设计、装配设计和钣金件的设计项目，大的项目又由子项目组成，每个项目都有项目反馈，每个课题都配有梯度的实训项目。

它打破了传统CAD/CAM软件类书籍的知识体系，紧紧围绕实训项目的教学目标，阐述了“必须”“够用”的理论知识，避免了长篇赘述，使理论与实训有机综合，实现理论与实训无界化。从知识体系来讲，它是不完整的，但是对于项目而言，它所包含的知识点都讲清楚了，这也符合项目教学的主要思想。教材中所有项目全部取材于生产实践，对项目实施流程讲解的全部过程，均逐一配有屏幕图形，图文对照，最大限度地简化了文字叙述。通过这种模式进行学习，效果非常明显，学生能够直接体验到学习的成果，体会到成功的快乐，这极大地增强了他们的学习信心。对于他们来说这是非常不容易的，因为他们在前九年的教育中体验得最多的就是失败。项目教学激起了他们极大的学习热情，使他们从过去对知识的惧怕、回避到追着教师要学习新东西。而教师也在这个过程中体验到了成功教学带来的快乐，同时也通过这种成功的教学模式开始感受到“以学生为中心”“以任务为中心”的合理性，并开始主动关注学生的需求，主动关注怎样的教学方法才能使学生获得知识技能。

四、项目教学在数控专业教材开发中存在的问题及思考

（一）项目选择脱离生产

尽管有了项目教学的粗浅经验，但是我们在编写数控车、数控铣等技能实操类教材时所选取的“项目”，在与企业专家的座谈会上受到了强烈的质疑。原因在于我们在技能教学中所采用的“项目”，一般都脱离生产实际，属于艺术性强于实用性的产品，大都可以列入“数控工艺品”之类。如果学生的技能训练都是以这些工艺品为主，那么他们的技能水平还是与生产实践严重脱节的，花哨有余，实用不足。所以在教材的编写过程中，我们专业教师绝不能闭门造车，一定要多听听企业专家，特别是一线技术工程师的意见，选择合适、有价值的项目。

（二）项目与地方经济脱轨

我国各地的产业结构大不一样，区域经济的特色千差万别，然而现行的课程，全国或全省一个样，缺乏当地的特色，与本地生产实际相脱离。学校的课程没有注意与当地经济接轨，尽管企业需要大量的技术工人，但是毕业生却不受企业的欢迎，导致就业率低，招生成问题，学校陷于困境。我们编写项目教学专业教材时，要根据企业的需求进行，调查企业对职业教育的意见与需求，根据当地的主导产业情况，编写出具有地方经济特色的项目教材。

（原载《职业教育研究》2012年第2期，有删减）

“岗课赛证”视域下增材制造技术专业课程开发的思考

增材制造技术改变了传统的减材加工模式，带来了制造工艺的新变革，其应用性强、领域跨度大，对制造业尤其是高端制造业的发展非常重要。增材制造技术的发展速度太快，相应的人才培养和人才储备没有跟上，导致其人才缺口巨大。2019年，教育部办公厅发布新版《中等职业学校专业目录》意见的函，在中等职业学校（以下简称“中职”）加工制造专业大类中新增了增材制造技术应用专业。作为新兴专业，增材制造技术应用专业的前景被看好，全国各地的中职学校纷纷开设增材制造技术应用专业，宁波市职业技术教育中心学校也于2020年开始增材制造技术应用专业的招生。但就目前专业发展而言，“一窝蜂”式快速扩张后的问题不断显现，专业热度下降很快，这对增材制造技术人才培养提出了新的考验。

孙春兰副总理在全国职业教育大会讲话中指出，要坚持立德树人，优化类型定位，加快构建现代职业教育体系。要一体化设计中职、高职、本科职业教育培养体系，深化“三教”改革，“岗课赛证”综合育人，提升教育质量。这为中职深入探索“岗课赛证”融合式育人提出了新方向。

一、“岗课赛证”融通的内涵解析

本文“岗课赛证”中“岗”是指增材制造技术应用专业面向职业岗位（群），中职层面定位的职业岗位（群）主要面向机械加工、模具制造及工业设计等企业的机械设计、产品设计等部门，集中在产品开发、产品设计、产品建模、样品制作等岗位；“课”是指增材制造技术应用专业课程体系；“赛”是指全国、省、市三级职业技能大赛、行业赛和创新创业比赛；“证”是1+X职业技能等级证书。

通过融“岗”“赛”“证”要素于“课”，将原专业课程设置的“三维建模实训”“3D打印技术”“3D打印设备操作与维护”等独立分散的实训课程优化整合为“数字化设计与制造”课程，对提升学生综合实训能力、破解新兴专业人才培养难题，有很强的现实意义。

二、“岗课赛证”视域下的课程开发

（一）以证定标，编制课程标准

2021年3—4月，教育部发布的与增材制造技术应用专业相关的1+X职业技能等级证书共有5个，结合宁波市职业技术教育中心学校专业设备和学生学情，选择“机械数字化设计与制造职业技能等级（初级）证书”作为主要考证目标。在北京机械工业自动化研究所有限公司制定、2021年4月发布的《机械数字化设计与制造职业技能等级标准（2021年1.0版）》中将初级的工作领域分为模型建立、设计表达和数字制造。在新编制的《数字化设计与制造课程标准》中，吸收行业发展的新知识、新技术、新工艺、新方法，融入1+X职业技能等级证书中的职业技能要求，课程标准以“工作任务和职业技能要求”为依据，内容包括工作领域、工作任务和职业技能要求。

（二）以岗定课，确定课程内容

发布的职业技能等级要求中对工作任务的描述是宏观的，可以作为课程内容的基本参考。课程内容的确定需要通过对区域内制造业企业进行调研，对增材制造技术应用专业对应的岗位（群）工作任务进行搜集、筛选，将证书标准中的工作任务与岗位工作任务融通整合。选取具有代表性的典型工作任务，进行课程教学项目的设计和工作任务的分解，形成具有区域特色的教学项目和对应的工作任务清单。

（三）以赛促教，整合课程资源

与增材制造技术应用专业相关的代表性比赛主要有教育部主办的职业院校技能大赛的“工业产品设计与创客实践”赛项、机械行业职业教育指导委员会组织的“机械数字化设计与制造技术”赛项等，这些赛项与行业企业先进技术紧密对接，尽量还原真实的工作过程，将工作任务和职业技能要求融入比赛各个环节。因此，在建设“数字化设计与制造”课程资源时，将比赛项目融入课程教学项目，将比赛成果转化为教学资源是快速有效的路径。通过对比赛心得、比赛规范、技术分析、比赛成果等内容的整理优化，建设“岗课赛证”融通课程资源，能够有效促进技能教学、突出技能特色，为后续开展混合式教学提供技术支持。

三、“岗课赛证”视域下的教学组织

（一）赛证促学，打造主辅课堂

以职业岗位为主导，重构教学组织方式。课程教学采用主、辅线结合的方式：主线是面向全体学生进行“数字化设计与制造”课程教学，将四个典型教学项目各拆分成七个工作任务，循序渐进地落实职业技能要求的技能点教学；辅线以专业课程对应的职业院校技能大赛、行业企业比赛、科技创新类比赛等项目为载体展开，围绕比赛项目标准、内容、过程、评价等方面进行个性化辅导。这种主辅结合的形式，在面向全体学生的同时，培养了技术能手，有效引导师生在教学实施、比赛中感知产业链与专业链的对接，实现职业技能与企业岗位技能需求的匹配。

（二）三个转变，推动融合教学

提升学生的职业能力是“岗课赛证”融通的目标，这就要求在实施职业技能与岗位技能相匹配教学的同时，又要在学习过程中重视职业素养、创新能力和团队协作能力等综合能力的培养。这一目标的达成，要坚持“以学生为主体、教师为主导”，实现“三个转变”：一是教学方式的转变，围绕职业技能等级证书标准涉及的内容构建教学情境和实训环境，开展项目教学、情境教学和混合式教学；二是教学方法的转变，综合运用项目教学法、任务驱动教学法、翻转课堂式教学法等教学方法，引导学生主动、积极参与教学过程；三是教学设计的转变，设计导学单、学习任务单等，根据课程内容设置引导性问题，层层递进引导学生去发现问题、思考问题、解决问题，培养学生利用慕课、微课等课程资源进行自主学习的能力，从而实现职业能力的综合提升。

四、“岗课赛证”视域下的考核评价

（一）评价赋能，实现以评促改

构建由“岗课赛证”所代表的学校专家、企业工匠大师、比赛专家和技能证书机构等组成的多元评价共同体，在“数字化设计与制造”课程实施前对课程结构、课程内容和课程标准进行多主体评价。在课程实施中对课程教学组织和教学效果进行过程性评价，采用“以学生为主体、以授课教师为主导、多元评价共同体参与”进行教学实施的过程性评价，对教学内容、教学方法、阶段性教学成果等进行及时评价反馈，以便及时发现并解决教学实施过程中出现的问题。

（二）多元互融，实现评价互通

将项目评价、1+X证书评价、大赛评价融入“数字化设计与制造”课程教学考核评价，评价标准与岗位（群）能力要求、1+X职业技能等级证书考证知识技能、证书考核环境和学习环境多元互融。融通后的课程考核成绩能实现评价互通，即学生完成“数字化设计与制造”课程学习后直接参与“机械数字化设计与制造职业技能等级（初级）证书”鉴定考核，证书鉴定结果通过公式换算为课程成绩，同时技能比赛成绩也能转换为课程成绩，比赛成绩优异的学生，本课程可以直接免考获得学分。在通过常规课程学习与考核的同时，学生可以同步完成职业技能等级证书的学习和考试并拿到证书，实现“岗课赛证”融通。

（原载《职业教育》2022年第5期，有删减）

“产赛教”融合：全国职业院校技能大赛成果转化的实施路径探究

我国职业教育的第一次国家级技能赛事要追溯到2002年在吉林省长春市举行的全国中等职业教育技能大赛，中间因为种种原因赛事停办，直到2007年开始恢复年年办赛。2008年，赛事更名为“全国职业院校技能大赛”（以下简称“大赛”），参赛对象也从中等职业学校（以下简称“中职”）的学生，进一步扩大到高等职业院校的学生。现在都把2008年的大赛认定为真正意义上的第一届大赛。办赛至今，从第一届的2000余人的参赛规模，到2023年近3万名选手参赛，历经16年的改制、完善，大赛作为国家一级赛事，是我国高素质劳动者和高水平技能型人才培养选拔的重要途径，对我国职业教育产教融合新体制、工学结合现代教学制度和校企合作人才培养模式的形成和发展产生了重要的作用，增强了职业教育的影响力和吸引力。

本文旨在通过对大赛中职组“产品数字化设计与开发”赛项自2013年至2023年10年间发展变化、相关数据的分析，“窥一斑而知全豹”，从而提出“产赛教”融合在专业建设、人才培养、师资建设和实训室建设等方面的成果转化具体实施路径，以期为推动职业教育技能大赛充分发挥促进职业教育高质量发展的改革目标提供新的思路。

一、2013—2023年赛项变化分析

（一）赛项名称的变化

中职组“产品数字化设计与开发”赛项是从2010年开始设立，2010—2013年，赛项名称为“计算机辅助设计”，2014年赛项停办；2015—2017年，赛项更名为“计算机辅助设计（工业产品CAD）”；2018—2022年，赛事再次更名为“工业产品设计与创客实践”，其中2019年、2020年赛项停办；2023年，赛事最新更名为“产品数字化设计与开发”。

赛项初期定位于引导中职学校师生学习并应用三维建模软件进行产品设计。随着大数据、云计算技术的广泛应用，企业和行业对多技能的复合型人才需求逐渐增大，赛项在融入了创新设计的同时，增加了大数据应用开发、新材料智能生产与检测等内容。从单一的设计类赛项转化为设计+制造的综合性赛项。

（二）赛项内容的变化

2013—2018年，虽然赛项模块名称有变化，但是主要内容都是要求参赛选手在规定的时间内完成创建三维数字模型、设计表达和相应零件工程图，并在此基础上适当引导创新能力的发挥，2017—2018年新增的内容是要求产品加工制造的前期准备工作即编写相应设计和制造文档。从2021年开始，赛项变为三个模块，要求参赛选手首先创建产品数字化模型，其次完成机械机构的原理分析、对应机构的尺寸变更计算以及指定零部件优化设计，最后编写装配指导文件，制作装配仿真动画并使用智能制造方式完成产品增减材制作。2023年，赛项第一次将职业素养评价单独列出来作为一个模块，占比5%。

2009年之前，职业院校计算机辅助设计课程95%以上采用二维平面设计技术，此时三维设计技术人才短缺成为技术升级和企业发展的瓶颈之一。经过2010—2011年两年的大赛举办，赛项内容中的三维建模技术逐步走进院校

常规课堂。自2012年开始，赛项新增设计改进与创新设计两项内容，引导学生在原有赛项内容的基础上，凭借生活经验和专业知识，使用数字技术完成产品改进与创新。2017年，赛项融入“机械基础”“制造基础”等专业基础课程的部分内容，将机构、制造方式等通用性、常识性内容融入赛项，在创新设计模块中增加机构设计、产品制造竞赛内容，使设计的产品满足指定的运动要求，并能通过指定的制造方式完成制作。自2021年开始，赛项新增增材制造的高效应用，引导将增材制造与传统减材制造方式相结合，使用增减材复合加工技术完成产品零部件制作。

（三）赛项技术平台的变化

2013—2015年，赛项采用行业广泛应用的Autodesk Inventor Professional（中文版）三维设计软件平台；2016—2018年，赛项采用Autodesk Inventor Professional（中文版）和 Autodesk Fusion 360（中文版）三维设计软件平台；2021—2023年，赛项除继续采用Autodesk Inventor Professional（中文版）和Autodesk Fusion 360（含衍生式设计模块）三维设计软件平台外，新增了桌面式3D打印机、桌面式数控铣床。最新的赛项以“操作、应用工业设计软件完成产品数字化设计与制作”为主线，完成从设计到制作的综合任务，对选手复合型技能的要求更高。

（四）赛项产业类别的变化

2013—2015年，赛项所属产业类别为信息技术；2016—2023年，赛项所属产业类别在信息技术基础上新增了机械制造，将数字经济重点产业和智造关键技术融入其中，用信息技术与传统产业深度融合的理念与数字化设计与制造领域新技术、新工艺、新方法，使用头部企业典型工作任务与方式设置赛项内容，发挥树旗、导航、定标、催化作用，培育满足行业发展需求的复合型技能人才。

二、2013—2023年赛项获奖统计分析

除2014年、2019年、2020年赛项停办外，根据教育部官网发布的数据整理，以赛项实际参赛选手总数为基数，按照10%（小数点后四舍五入）比例决出一等奖，2013—2023年，该赛项共举行8次，决出了102名一等奖选手，一等奖选手所在省市相对集中，宁波市代表队作为计划单列市单独组队参赛以22枚金牌数位列榜首，其次是江苏省代表队19枚、山东省代表队13枚、浙江省代表队11枚和青岛市代表队10枚。宁波作为全国首个“中国制造2025”试点示范城市，赛制造业实力位居全国领先位置，由此也可以看出，赛项的金牌分布与对应区域经济的制造业实力、技术创新能力以及完善的教育培训体系息息相关。

三、“产赛教”融合的大赛成果转化实施路径

高质量技能人才的培养是职业教育的重要任务，而“产赛教”融合则成为实现产业发展、技能大赛和教育教学互融的关键路径。该融合模式突破了职业教育“孤立”和“封闭”的困境，强调“融合”二字的本质意义，通过专业的基础和与产业的对接，旨在培养具备工匠精神的高质量技术技能人才，并提高人才培养的质量。

（一）“三链”融合，跨界思维建设专业

“产赛教”融合要求产业链、竞赛链和教育链的“三链”融合。产业链的更新迭代促使人才需求的结构、质量都发生了质变，具备专业能力和综合素质的复合型技术技能人才成为产业转型升级的核心需求。信息技术与传统行业深度融合，带来产品设计与开发方法的变革。数字化、智能化技术已深度融入产品设计与开发的全流程，复合型技术技能人才需求不断增大。从赛项名称、内容、技术平台和产业类别的变化可以看出，产业链的变化导致竞赛链的变化，产品数字化设计与开发赛项已经从单一的产品设计建模类赛项逐

步升级为设计与制作一体化赛项，将数字经济重点产业和智造关键技术融入赛项内容，进一步体现了产业链和竞赛链的互融性。

产业链的变化引起人才需求的变化，职业院校通过社会、经济与教育三者间的跨界联动，以人才需求为枢纽，“三链”融合培养高质量经济发展所需人才，用跨界的思维进行专业建设顶层设计，优化专业结构，动态调整专业设置。产品数字化设计与开发赛项开办至今已有14年，对中职相关专业的影响也在逐步显现，加速了对机械设计制造类、计算机类专业建设的更新迭代，尤其是在2019年教育部办公厅发布新版《中等职业学校专业目录》意见的函，中职加工制造专业大类中新增了增材制造技术应用专业。新兴专业的设立为传统的机械设计制造类注入了新的活力，在制订增材制造技术应用专业人才培养方案时，可以参考赛项规程要求，把大赛内容与培养目标、培养规格等关键要素融合，师德与师能教育、专业与创新教育、职业能力与课程设置对接产业行业，对应岗位（群）及核心能力的要求，形成以赛教融合为明显特征的专业人才培养模式。

（二）“三标”融合，资源转化重构课程

“产赛教”融合要求职业标准、竞赛标准和教学标准的“三标”融合。职业标准是指国家职业技能标准，由国家制定或发布的，用于评价和确认职业人员在特定职业领域中技能水平的标准，是一种参考性的文件。2021年3—4月，教育部发布的与增材制造技术应用专业相关的1+X职业技能等级证书共有《机械数字化设计与制造》等5个。竞赛标准主要是指赛项规程，其中的赛项设置、比赛形式、竞赛内容由行业（企业）技术专家设计，已经形成了相对成熟的竞赛标准体系，技术规范、评分标准等都已经相对完善。教育部已经在官网发布了中等职业学校的专业教学标准230个，与之配套的公共基础课程教学标准、专业基础课程标准、专业顶岗实习标准等职业教育教学标准也陆续在教育部网站上发布。

“三标”融合将职业标准、竞赛标准融入教学标准。2021年4月，教育部发布的《机械数字化设计与制造职业技能等级标准（2021年1.0版）》中将初级的工作领域分为模型建立、设计表达和数字制造。对标赛项规程中产品数字化设计建模、设计优化表达和数字化制作模块要求。在新编制的《数字化设计与制造课程标准》中，以“工作任务和职业技能要求”为依据，内容包括工作领域、工作任务和职业技能要求。工作任务中要求达到的职业技能与1+X的《机械数字化设计与制造》考证要求的职业技能是融通的。

（三）“三域”融合，多元协同创生教学

“产赛教”融合要求生产空间、赛训空间和教学空间的“三域”融合，建立起集生产、竞赛、教学于一体的广域空间。一是企业的生产过程、竞赛的赛训过程和学校教学过程的融合。经过不断的完善、更新，赛项的比赛过程越来越接近真实的生产过程，赛项对应的职业能力要求也越来越体现生产岗位的能力要求，同时，通过对生产过程、赛训过程的简化、改造，将之融入日常的教学过程，使三者互融。二是生产场地、竞赛场地和实训场地的融合。建立以企业生产车间为标准的实训环境，结合竞赛场地的要求推进教学实训条件的改造升级。以产品数字化设计与开发赛项为例，赛项的场地从最初的机房到现在的综合性实训车间，结合了计算机工业设计、3D打印和CNC实训的特性。三是企业技术导师、大赛指导教师和学校专业教师的融合。企业技术导师的实践经验和技能有助于教师在实际教学中更好地理解和应用相关技术知识，大赛指导教师的经验和教学方法可以提升教师的职业素养。通过融合，可以构建一支集技师、导师和教师素质于一身的“三师型”高素质教师创新团队。“三师型”高素质教师创新团队的构建，促进了企业、学校和大赛的紧密合作，有助于实现资源共享和优势互补。四是企业评价、赛项评价和教学评价的融合。将职业岗位能力评价、技能大赛评价转化为学校教学评价，完成企业评价、大赛评价与教学评价的一体化，形成以职业岗位能力评价为主体的教学评价体系。

（四）“三品”融合，成果转化激发创新

企业产品、大赛样品和教学作品的“三品”融合。产品数字化设计与开发赛项中的模块一产品数字化设计要求按照给出的产品设计图，选择恰当的设计方法建立产品数字化三维模型，模块二产品数字化开发是使用数字化制造方式，选择合理的方法完成产品开发及关键零部件的增减材制作，是企业产品到大赛样品的转化。大赛的项目经过合理的改造、优化，可以转化为教学作品。优秀的教学作品经过完善、提炼，又可以参加创新创意类的比赛，申请专利，转化为产品投入生产成为企业产品，形成企业产品—大赛样品—教学作品的有效循环。“三品”融合能够激发创新思维，遵循“碎片化资源、结构化课程、系统化设计”的组织建构逻辑，将备赛和教学过程中积累的作品资源，进行立体化信息化资源开发，建设在线精品课程、精品教材、精品资源库，实现大赛成果的有效转化。

（原载《职业教育》2024年第16期，有修改）

学习领域：机电专业课程体系重构新尝试

如果说，“双元制”职业教育模式是20世纪德国经济腾飞的秘密武器，是极富理性思考的德国人在20世纪为世界职业教育的发展在宏观层面做出的贡献，那么，面对21世纪知识社会的挑战，德国“双元制”在不断的自我反思过程中，经过极富哲理的探究而提出的“学习领域”课程方案，则又在微观层面上为21世纪世界职业教育的改革开拓了一个崭新的视域。

一、“学习领域”课程方案提出的背景

20世纪90年代，在全德进行了一场大辩论：面对21世纪知识社会的挑战，针对“双元制”存在的问题，教育专家们坚持己见，要使“双元制”在21世纪仍然具有强大生命力，除了要进行职业学校机构的改革外，即有利于职业学校发展的，包括法律、职能、政策方面的外部框架环境的改革，还必须在职业学校的教学过程，特别是课程开发中实施根本性改革，以力求对机构的改革予以支持。正是在这一背景下，1996年5月9日，德国各州文教部长联席会议颁布了第一版课程“编制指南”，拉开了21世纪德国职业学校课程改革的序幕。

1996年至今，德国各州文教部长联席会议一直在修订并逐步在各州实施“职业学校专业教学框架教学计划编制指南”。“职业学校专业教学框架教学计划编制指南”的颁布并逐步实施是对职业学校的课程模式进行的一次重

大的改革尝试。改革的核心，是用“学习领域”的课程模式取代沿用多年的以分科课程为基础的综合课程模式。

二、“学习领域”课程方案的基本含义

所谓“学习领域”，是一个由学习目标描述的主题学习单元。一个学习领域由能力描述的学习目标、任务陈述的学习内容和总量给定的学习时间（基准学时）三部分构成。一般来说，每一培训职业（即专业）课程由10个至20个学习领域组成。组成课程的各学习领域之间没有内容上和形式上的直接联系，但每一“学习领域”均以该专业相应的职业行动领域为依据，其基本内容都是以工作过程取向的。其中，目标描述表明该“学习领域”课程内容的特性，用职业行动能力来表述；内容陈述则使“学习领域”课程的内容具体化、精确化；总量给定的学习时间（基准学时）则可在整个学习年限内灵活安排。

三、机电一体化专业“学习领域”课程

（一）内容定向

职业教育作为教育的一种类型，必须充分发挥教育在发展人的个性方面的独特作用。在充分肯定职业资格作用的同时，不拘泥于职业资格的形式，而是通过职业资格传授的过程，为学生打下一个从事未来职业的经验基础，进而达到职业能力的培养目标，以便适应新形势下不断发展的新的职业资格的要求。这就是德国“学习领域”课程方案在职业教育课程内容的定向方面为世人打开的一扇“世纪之窗”。

德国机电一体化专业“学习领域”课程方案中对内容目标定向的表述包括以下几点：

（1）计划和控制工作过程，检查与评价工作结果以及应用质量管理系统。

（2）加工机械零件、组装组件和部件至机电一体化系统。

（3）安装电气组件和部件。

（4）测量和检验电量。

（5）安装、测试硬件和软件部件。

（6）安装电气、气动和液压控制并且检验之。

（7）机电一体化系统的编程。

（8）装配和拆装机器、系统和设备，运输和保护之。

（9）在机电一体化系统上检验功能并调节之。

（10）启动并且操作机电一体化系统。

（11）向用户交付机电一体化系统并作出说明。

（12）实施机电一体化系统的保养。

（13）实用英语资料工作并用英语交流。

以上内容表明，机电一体化专业“学习领域”课程方案的内容定向更多地指向隐性的职业“能力”，而不是显性的职业“资格”，其是基于能力本位理念的课程内容定向。

（二）内容选择

对于以就业为导向的职业教育来说，获取与职业工作过程紧密相关的知识，才是最有用的知识。在就业领域和实际的工作岗位，从业者最关心的是“怎么做”和“怎样做更好”的问题。职业教育课程内容的编排结构，应该有利于学生通过课程学习尽可能地获取与工作过程有关的经验和策略。我认为，德国“学习领域”课程方案的最大突破点就在于挣脱了学科体系框架的“枷锁”，而将工作过程作为课程内容重组的参照系。

以德国机电一体化专业“学习领域”课程方案为例，我们来比较一下工作过程导向的课程与学科体系课程的区别。德国“双元制”职业教育的“机电一体化”专业，原来第一学年的课程按照学科体系设计的课程为“电子学”“信息学”“液压和气动”“机械物理基础”“专业制图”“专业数学”和“社会学”七门。而以工作过程为主要参照系开发的“学习领域”的课程，则变为“机电一体化系统中功能关系的分析”“机械分系统的制作”“电气器具的安装”“借助于数据处理系统的交际”和“电气、气动和液压组件中能源和信息流的分析”五门工作过程导向的课程。显然，这一紧密结合“机电一体化”专业典型的工作过程、对原来的学科课程及其相关内容实施解构再经整合后构建的课程，凸显了职业教育的职业属性，有利于实现就业导向的职业教育的宗旨，是基于工作过程结构的课程内容选择。

（三）内容传授

在以职业行动能力为本位来定向课程内容和以职业工作过程为基础来选定课程内容的前提下，教学过程也应以获取职业能力为导向的工作过程为参照系，即应通过学习过程与工作过程的集成来传授课程内容。德国“学习领域”课程方案专门为“学习领域”的教学提供了一个教学论的诠释，为职业教育教学论的发展做出了有益的、开拓性的探索。

针对“学习领域”课程方案，德国各州文教部长联席会议于1997年颁布了新的职业学校“框架教学计划”。该框架教学计划指出：为实现职业教育的目标，职业学校要强调实施“行动导向”的教学，以使青年人在其未来的职业活动中能独立地制订计划、独立地实施计划、独立地评价计划。

行动导向教学的含义：行动导向教学是指以教师构建的特定的学习情境为主线，以真实或模拟的职业活动为载体，学生通过自主学习并在完成项目的过程中达到习得知识、形成技能、提高能力的目的。

我在德国进行机电一体化专业培训时，不少德国教师在授课时就是采用“行为导向教学法”，使原本枯燥乏味的专业知识学习变得妙趣横生。如在进行“物流课程”的教授时，教师不是在课堂上将物流的知识向我们做简单的罗列，而是在讲授了基础知识后，就带我们来到物流模拟实验室。教师将我们小组的成员按个人意愿进行分工，每个人都在其中扮演一个角色，如仓库保管员、进货员等。在向我们明确每个岗位的职责后，教师就退居幕后，让我们模拟整个采购、进货、登记、保管、出货、销售过程。从一开始的手忙脚乱到后来的得心应手，在学习中我们不断提高，也充分领略到了“行为导向教学法”的魅力。

行为导向教学法符合认知心理学的原理，因为在学习过程中，通过不同途径所掌握的知识比例是不同的：听觉20%、视觉30%、视听50%、自己动手90%。我国伟大的教育家孔子也说：“闻之我也野，视之我也饶，行之我也明。”意思是，我听到的，我会忘记；我看到的，我会记住；我做过的，我才会理解。所以，只有更多地给学生自己做的机会，他才能更好地消化理解。

由此可见，“学习领域”课程内容的传授采取行动导向的学习，超越了课程内容的技术理性而上升到人文理性层面，这是一个符合职业教育教学论的颇具现代意义的教学方案。这一方案还使得学科体系课程内容与行动体系课程内容在结构上实现了相互衔接、互补和交融，进而实现了教学论意义上的整合。

四、思考和借鉴

德国“学习领域”课程模式，在我国还处于引入初期和小范围的实验阶段。它不但大大提高了课程开发的效率，而且体现了新的课程理念，拉动了教法、学法改革，强调了以“学习领域”作为课程设置的基础。

基于能力本位理念的“学习领域”课程的内容定向，基于工作过程结构的“学习领域”课程的内容选择和基于行动导向教学的“学习领域”课程的内容传授，透射出德国职业教育在课程改革，特别是在课程内容重组的探究与实践中的理性之光。

在机电一体化这样一个新兴的、充满活力的专业中，我们也应该大胆借鉴德国机电一体化专业“学习领域”课程方案，汲取其中的宝贵经验，重构机电专业课程体系。在德国职教改革“理性之光”的照耀下，走出一条有中国特色的光明大道！

（原载《职教论坛》2006年第16期，有删减）

德国职校机电专业课程设置的启示

德国是欧盟的核心，尤其是它的制造业一直处于世界的领先地位。我作为教育部中德职教师资进修项目的选派成员，2005年到德国进修机电一体化专业课程，学习德国先进的教学方法和培训模式，并考察德国机电一体化的先进技术和应用设备。本文结合实地见闻和有关材料，对德国职校机电专业课程设置进行全方位研究，提出德国的课程改革值得我们学习的经验，以期对我国机电专业课程的改革有所借鉴。

一、德国职业学校机电一体化专业课程设置分析

（一）德国职业学校机电一体化专业背景

德国的联邦政府只管职业教育，这说明德国对职业教育的重视，也说明职业教育需要政府更多的干预和支持。德国职业教育体制结构如图2-1所示。

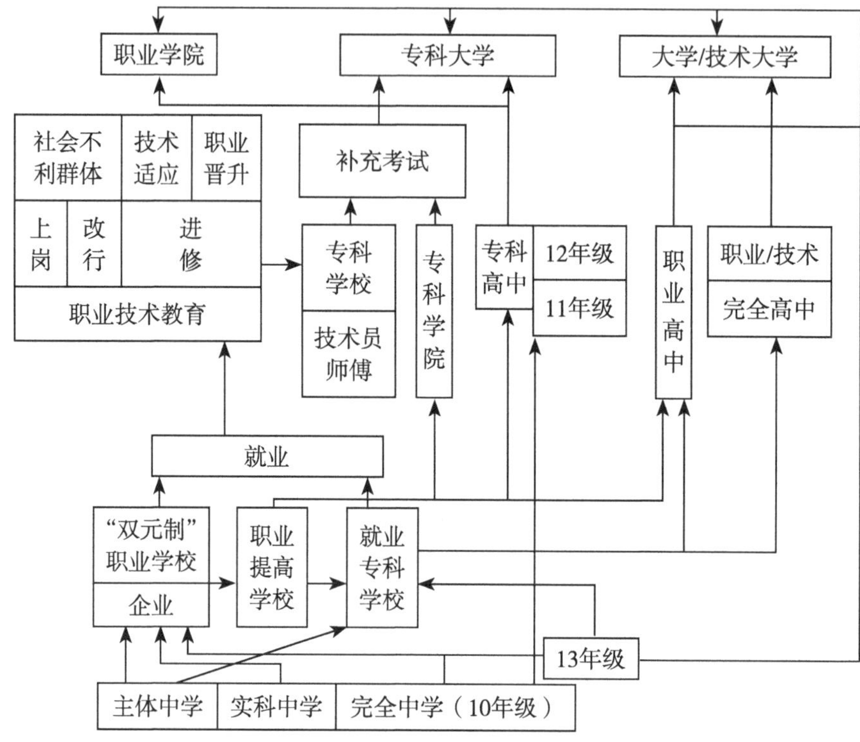

图2-1　德国职业教育体制的基本结构

德国已经形成了一套比较成熟的培养模式。德国萨克森-安哈特州框架教学计划里关于机电一体化专业职业培训所涉及的学习领域如表2-1所示。

表2-1　机电一体化专业学习领域一览表

序号	学习领域	课时		
		第一学年	第二学年	第三/四学年
1	机电一体化系统中功能关系的分析	40		
2	机械分系统的制作	80		
3	电气器具的安装	100		
4	电气、气动和液压组件中能源和信息流的分析	60		
5	数据处理系统	40		
6	工作进程的计划和组织		40	

续 表

序号	学习领域	课时		
		第一学年	第二学年	第三/四学年
7	简单机电一体化部件的现场安装		100	
8	机电一体化系统的设计和制作		140	
9	完整的机电一体化系统中信息流的分析			80
10	装配和拆装			40
11	启动、故障寻找和维护			160
12	预防、维护			80
13	机电一体化系统向用户交付			60
	总计	320	280	420

其中的第9项“完整的机电一体化系统中信息流的分析”，具体的要求和内容如表2–2所示。

表2–2 机电一体化专业学习领域举例

学习领域9：完整的机电一体化系统中信息流的分析
目标描述： · 正确读电路图和根据电路图说明系统的信息结构 · 正确表示电气、机械、气动和液压部件之间的逻辑连接 · 掌握用于信息流分析的测量方法并且能够分析信号和由此找出可能的故障源的结论 · 会使用基于数据处理的诊断法 · 实现现有资料中的修改 · 会用英语编辑资料
内容： · 系统中的信号流程 · 信号结构 · 总线系统 · 检验和测量方法 · 系统部件之间接口上的分析 · 分系统之间的联网 · 联网系统中的分层 · 测量结果的文件编制

（二）德国机电一体化专业评价体系

德国机电一体化专业考试只有期中考试和结业考试两次。期中考试是在入学的18个月以后进行，而结业考试是在3年半学习结束后进行，由德国IHK工商会统一考试，学校只需备考，让学生能应付考试，考试时只组织考试，由考试委员会组织出卷和评分，是全国统考。期中考试具体内容如表2–3所示，结业考试示意图如图2–2所示。

表2–3　德国机电一体化专业期中考试

<table>
<tr><td colspan="3">期中考试（18个月以后进行）</td></tr>
<tr><td colspan="2">考试总时间</td><td>7小时</td></tr>
<tr><td rowspan="3">考试内容</td><td rowspan="2">应知部分（理论基础知识）</td><td>考试时间：1小时</td></tr>
<tr><td>目的：考查在职业学校学习的部分</td></tr>
<tr><td>应会部分</td><td>考试时间：5小时（包括控制系统的知识）
调试运行并测量时间：1小时</td></tr>
<tr><td colspan="2">考试目的</td><td>了解学员在前18个月的学习情况，以便下一步继续开展学习</td></tr>
<tr><td colspan="2">考试要求</td><td>对零部件有所了解，学会识图；
对机、电、控制三部分有了解并分析功能，会使用测量工具；
对安全生产、劳动保护、环境保护等知识有所掌握</td></tr>
</table>

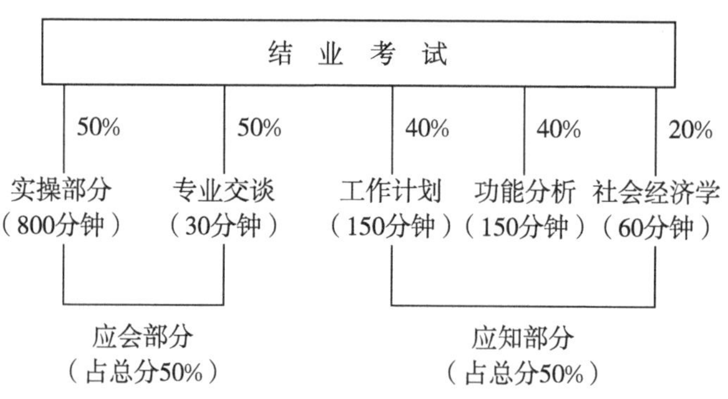

图2–2　结业考试示意图

德国考试的评分标准采用“六分制”，其中1分最高，6分最低，具体与我国百分制的换算关系如表2–4所示。

表2–4　评分标准换算表

分数级别	得分范围	结果
1分	92—100分	通过
2分	81—91分	
3分	67—80分	
4分	50—66分	
5分	26—49分	不通过，补考
6分	0—25分	

说明：

（1）考试委员会一般由7人、5人或者3人组成。

（2）总评4分为及格线，5分和6分都是不及格。

（3）应知部分如果出现不及格（5分），允许有一次口试机会，增加加分机会。

（4）应知和应会两部分必须全部合格，结业考试才算合格。

（5）应知和应会有一项或者两项都不及格，可以申请补考，但是补考机会只有一次，如果补考不合格，就要全部重学，或者换专业重学。

（三）德国职业学校机电一体化专业课程设置的特点

1. 课程编排重实用

德国在实施职业课程改革后以学习领域为单元的课程，是一种行动体系课程的内容编排，它是针对行动顺序的每一个过程环节来传授相关的课程内容。由于每一行动顺序都是一种自然形成的行动过程序列，而且学生认知的心理顺序也是循序渐进的过程序列，因此，这一行动体系课程对于每一门学科体系来说内容可能是不完整的，但对于每一个职业行为来说却是完整的。这体现了职业教育的实用性，突出了职业教育的技能性。

2. 培养目标定位准

德国的学习领域课程设置，培养的目标显然定位于技术工人，每一个领域都是一项具体的工作，如机械分系统的制作、装配和拆装等，学生学完这些课程，就能直接在岗位上操作。

3. 评价体系强能力

德国的职校考试都很少，如机电一体化专业，在三年半的学习过程中，只有两次考试——期中考试和结业考试。而且在整个考试过程中，没有什么死记硬背的东西，考试内容包括理论、实践，以及面试，注重考查学生对知识综合应用的能力和实际动手操作的能力。

二、德国机电一体化专业课程设置的启示

（一）学以致用

德国职业教育课程设置思路明确地提出了学以致用的基本策略。以此为出发点，专业理论知识的传授就不可能是系统的，对于学科知识来说是不系统的，但对于所要完成的具体工作来说又是系统的。它也不可能是单科为主的知识而一定是综合学科的知识，因为要完成一项具体工作所需要的是多个学科的知识。例如德国机电一体化的教材，只有三本，但是里面包罗万象，知识内容包括政治、历史、地理、英语、专业知识等，与其说是教材，倒不如说是实用百科全书更为贴切。教材中的学科知识不是系统的，但是对于课程中所要讲授的内容却是系统实用的。

（二）在做中学

德国职业教育课程设置体现了在做中学的基本策略。以此为出发点，学习领域的主要内容源于企业的生产领域，学习领域的总和基本涵盖了生产领域的全部内容。学生在做中学，然后再在学中做，这样就不仅知其然，而且知其所以然了。

（三）行为导向教学法

德国职业教育课程设置明确凸显了教学方法的改革，教学应当以行为为导向，主要采用行为导向教学法。这一教学法以职业行为为导向，以学生活动为主，可以极大地调动学生学习的自主性、积极性，由过去教师讲、学生

听的被动行为变成学生的主动探索行为，使学生通过课程的学习逐步获得所需的职业能力。在这种教学方式的转化中，教师的角色发生了变化，由过去课堂教学的主导者，变成课堂教学的组织者、主持者。

行为导向教学法最大的特点是让学生学会了学习、掌握了方法，而不仅仅是让学生学会固有的知识。在今天知识爆炸的信息时代，新知识产生和递增的速度是惊人的，知识的传授是无止境的。所以，在有限的学校教育中，我们最应该考虑的是用什么方法让学生学会学习的技能和方法，而不仅仅是考虑教给学生什么知识。正如我国古语所言："授之以鱼，不如授之以渔。"因此，我们应把行为导向教学法广泛应用于我国的职业教育过程中。

通过对德国职业学校机电一体化专业课程设置的学习研究，我们可以从中发现许多值得我们学习和借鉴的宝贵经验，有些经验看起来很普通，但是如果我们对其进行深层次挖掘，就将对我国职校机电专业的课程改革大有裨益。

（原载《中国职业技术教育》2006年第22期，有删减）

香港职业教育校企合作的特色及启示

香港经济的高速发展，很大程度上得益于职业教育和培训。我作为宁波市首批中职骨干教师赴港研修班成员，2011年到香港职业训练局进修香港职业教育和培训发展、课程开发的步骤及流程、宁波和香港两地校企合作模式等模块，学习香港先进的教学方法和培训模式，并考察香港的中职学校和知名企业。本文结合实地见闻和有关材料，对香港职业教育校企合作进行全面介绍，对于我国职业教育的校企合作提出一些建议。

一、香港职业教育校企合作的基本情况

（一）相关概述

香港职业教育的校企合作没有固定的模式，各学系均有自主权，但具体做法大同小异。在进行校企合作时，主要考虑几点：一是以学生学习利益为中心；二是以课程内容为依归；三是以企业及社会效益为价值；四是以学校行政管理有效控制为原则。

学生学习的内容，从专业可行性分析、课程设计、审批、实行、验证、检讨、更新，回到分析，每一环节都要有企业人员参与，由他们提出意见，使教学成效提升。也就是说，教有所长、学有所成；企业得到需要的人才，社会得以发展，资源得到尽用。

（二）校企合作方法举例

香港职业教育校企合作的方法很灵活，以酒店、服务及旅游专业为例，主要有以下十种。

（1）每年在特定时段（学期中或假期不等）安排学生到企业（酒店、旅行社、会所、餐饮集团等）连续实习不少于课程指定的校外实习时数。

（2）学生毕业前每星期被安排到企业（香港赛马会、餐饮集团、迪士尼乐园、海洋公园等）实习，直至累计不少于课程指定的校外实习时数为止。

（3）安排及鼓励学生参与企业及社会活动（如旅游大使计划、礼花车巡游、选举活动、马拉松、七人橄榄球赛、回归庆典、花卉展、国标酒店设备展等），直至累计不少于课程指定的校外实习时数为止。

（4）学生校外实习期间由企业补贴港币约2500元，按不同企业及实习时期有所变化。

（5）学生参与企业推广活动。

（6）企业参与及赞助学校活动。

（7）企业给予学校奖学金或捐助教学设施。

（8）企业与学校合作共同开发项目（如菜谱及酒店软件）。

（9）学校安排学生前往企业参观学习。

（10）其他有助企业与学校双方有利的合作活动。

学校在实习安排上的程序规范、合理。

二、香港职业教育校企合作的特色及经验

（一）构建业界网络，培养针对性所需人才

学校与社会及企业保持良好的关系，有利于双方的发展，实现“双赢”。香港职业训练局每年度均会对每个行业的人力状况进行统计与调研，并提出人力调查报告，其中包括行业内各级技术岗位预测的人员需求量和培训需求量，使职业训练局培养的学生和培训的学员专业对口、供需接轨。业

界为学生参观、访问、工作实习及就业提供机会，并为职业教育教学提供赞助、捐赠设施及为学生提供奖学金。中央业界网络组为业界提供一站式服务，提升行业专业和技术水平。校企结合，构建庞大的业界网络，为职业教育提供明确的办学方向和就业渠道。

（二）企业参与教学，有助于提升教学成效

香港职业教育的目的是为行业输送合适的劳动力。职业教育的招生、教学计划、课程开设、师资结构等都是按照市场的供求信息制定的。过去闭门造车的教学已经不能再继续下去，尤其是职业教育更要开阔视野，从企业的角度出发才能知道企业所需，按照需要培养职业教育人才，才能打破职业教育自我封闭和脱离社会的局面，切实地感受社会对人才质量的需求，从而确立人才培养目标和质量定位。在制定学生学习内容时，请企业在每个层次及程序中给予顾问意见，使教学的成效提升，有利于学校制定及更新课程内容，避免资源的浪费，加强学生就业及毕业后与社会接轨的信心。

（三）灵活多样的办学方式

香港办学机构的经营方式是内地难以想象的，在中小学甚至居民区租一间至两间空房，设一名管理人员，教学点就开办了，多层次、全方位、大跨度的办学形式，使香港的职业教育涵盖面极广，受教育的人众多且具有顽强的生命力。香港职业教育兼具东西方教育体系的特点，既保留了学以致用的传统，又融汇了西方先进的教学方式和科学手段，重视传统又力求改革创新，尊重原则又不拘一格，这是香港职业教育成功的重要因素之一。在教学方法上，强调与实际相结合，重视实际操作和临场突发事故处理的训练。教学场景与现实工作环境力求一致或接近，学习的过程同时就是实习的过程，经过严格训练的学生，一旦走上社会，大多数可以立即顶班操作。企业所需要的人才可以在投入企业之前就能模拟工作，从而在一定程度上缩减了一开始工作时所犯的错误，或者说可以更好地完成实践工作。

三、对于我国职业教育校企合作的启示

香港职业教育校企合作的成果和经验是在其自身的历史、文化和经济等诸多背景中取得的，我们不可简单地照搬模仿，但是它的成功经验，对于我国职业教育主动适应经济发展方式转变和产业结构的调整，为建设人力资源强国培养人才，具有一定的借鉴意义。

（一）重新确定政府的角色定位

在完全市场经济条件下，香港政府虽然不介入办学活动，但它通过法律规范和财政资助两大手段从宏观方面规范和引导教育活动，对职业训练局的经费拨款、审批和批领后的跟踪、监督都有十分严格的程序。至于训练局发展方向、办学规模、专业的建设、课程的开设、教师人员的配备等，完全根据需要而进行配置，政府只起指导、服务和监管的作用。我们可以借鉴香港的经验，按照市场经济的原则，确定政府在职业教育方面的角色定位。宁波市政府于2009年出台了全国中职首部关于校企合作的地方性法规——《宁波市职业教育校企合作促进条例》，开创了我国地方职业教育校企合作立法的先河，在政府层面上对于职业教育的校企合作给予大力的支持。

（二）紧贴市场，确定职业教育的培养目标

职业教育机构的招生、计划、课程开设是按照人才市场的供求信息制定的。通过市场调查，为职业教育品牌定位。为此在职业训练局设立市场推广委员会，分析研究市场，深入讨论和分析发展的规划和目标，从而设计新标志以更新职业训练局的品牌，即根据市场的变化，不断调整专业结构、课程体系和教学内容，使培养出来的学生成为市场的“抢手货”。职业教育如果不紧贴市场的需求，是很难成功的。

（三）规范的资格认证体系

香港的资格考证不是由政府机构组织的，而是由行业协会来组织的。行业协会具有权威性。在行业工作，除有文凭外，还必须通过相关的资格考

试，申请成为会员方可（比如要想取得工程师资格，必须参加考试并成为工程师协会会员方可承认其为工程师）。政府不干预，保证了考试的公正和专业性。我们可以借鉴香港职业教育的成功经验，规范资格认证体系。

（四）打造一支真正的双师型教师队伍

香港职业训练局重视专业教师队伍的建设，从业界精英中统一选聘专业教师，组建成教师队伍。专业教师都是来自企业，至少在本行业工作3年以上，具有专业学会会员资格（工程师以上的资格），以及丰富的实际工作经历及经验，对专业及行业有着具体深刻的认识，从而保证了专业技能教学的高水平。学系或部门招聘的教师须通过技能测试才考虑录用，而且训练局鼓励每位教师进修，参与企业活动，并通过实习及考取专业资格证书来增强竞争力。近年还鼓励教师考取具有国际及国内的技能专业证书。由于社会需要及教育改革，有些教师需要接受再培训或者转岗的技能培训学习。

（五）与行业对接，建设高标准实训室

香港职业训练局本着实习、实训设备与行业对接的原则，高标准建设实训室，大量实习培训设备与企业生产实现了设备接轨，其中有些性能甚至优于企业。如塑胶与模具科学发展中心、印刷训练发展中心、智能产品设计中心等，都采用了当前市场上最先进的机器设备，实现了学生实训设备与企业对接，培训目标与企业岗位群对接，以适应市场对人才的需要。这些设备的投资，除每年的政府拨款外，就是各学院、中心自行融资，以命名学习楼的方式，面向业界各成功人士竞拍，标价高者得以命名，且有冠名年限，如5年竞拍一次。

当前，我国职业教育面临巨大的机遇和挑战，在探索具有中国特色的职业教育的进程中，我们应在国际竞争和发展的框架下去构思，着眼于世界职业教育最新发展的趋势，同发达国家和地区的职业教育机构合作，培养具有国际竞争力、适应市场需要的高素质劳动者，使职业教育成为推动我国经济深层次发展的驱动力。

（原文写于2011年12月）

㊂

第三重

对教师发展的思考

人工智能时代，做不被替代的职校教师

国务院印发的《新一代人工智能发展规划》提出了面向2030年我国新一代人工智能发展的指导思想、战略目标、重点任务和保障措施，部署构筑我国人工智能发展的先发优势。这一规划的出台，为推动人工智能产业发展、争夺科创前沿高地吹响了冲锋号，第一次将人工智能提升至国家战略地位。人工智能以超乎想象的速度来到我们身边。未来的学校，教学将离不开交互电子白板，备课将用更先进的人工智能备课系统，学生的学习将会由电脑实行一机一人的个别辅导，等等。于是，很多人惊呼：人工智能将全面颠覆教育，取代教师。甚至有人悲观地预测：人工智能时代，很多教师将面临失业，学校也将消失。

当下，人工智能、虚拟现实、大数据等技术的出现，让人眼花缭乱，甚至有些不知所措。在这样的时代背景下，我们要保持清醒，重新审视技术与教育的关系。人工智能来了，教师要怎么教、学生应该如何学、未来需要培养怎样的人才，这不仅仅是教育层面的问题，更是对未来的思考。

笔者认为，人工智能取代教师，全面颠覆教育是不可能实现的。随着人工智能的迅猛发展，课程中大部分有关知识、技能类的教学工作可以由人工智能来替代。但是，教育的关键是什么？是情感、价值观的交流共通，这是冷冰冰的机器无法代替的。子曰，“亲其师，信其道；尊其师，奉其教；敬其师，效其行”，说的就是这个道理。学生在成长过程中，需要教师的感情关怀，需要师生间心灵的沟通交流，需要教师的榜样引领。教育的对象不是物，而是有思想、有情感的活生生的人。未来的学生在学习过程中，人机互动的时间将会增多，人与人之间的交流会有所减少，这就更需要教师关心、爱护学生，增进师生间的感情。

所以，面对新技术，教师不必恐惧，更无须抗拒。面对未来，教师要做勇者。从思考“教师教什么”转变到“学生学什么”，从知识的讲授者转变为学生学习过程的设计者。把机器擅长的事情交给机器去完成，教师可以把更多精力用在关注学生的个性化需求上。譬如有教师抱怨“批改作业、试卷耗费了大量精力”，今后，这些事情都可以由机器来完成。机器借助大数据建立科学的评估模型，方便教师了解学生对知识和技能的掌握情况，并以此进行诊断性评价。教师还可以根据这些数据，及时对教学设计、教学评价等做出相应的调整，设计个性化的作业、开放性的任务，培养学生主动探究的精神，激发学生主动学习的欲望。面对人工智能的冲击，教师要有危机意识，及时转型，提升自身的专业素养，熟练运用人工智能分析自己的教学。

同时，基于人工智能的教育也不可能取代学校教育。未来的教育一定是灵活、开放、个性化的教育。大规模线上开放课程将融入学校教育，学校不再是学习的固定场所，学校教育会呈现新形态。但是，学校仍有其存在的必要性和价值，学校的育人功能是无法被人工智能替代的。新时代、新技术改变了很多东西，但是教育的本质没有变，教育是为成人、育人而生的，是为“教天地人事，育生命自觉”，是“为人的一生幸福奠基”而变革与发展的。正如宁波市2017年中职教育“新课改·新课堂·新教法”活动指南中所说的：曾几何时，我们把“未来”挂在嘴边。蓦然回首，那些曾经的关注已悄然而至。未来，就是下一秒的到来。未来将因为你的创造而改变。无论下一秒是什么样的风景，在你心中，未来，已来！

（原载《浙江教育报》2018年3月23日）

职校教师的职业认同感源自哪里？

前段时间，六安教师集体讨薪事件使得教师职业再次引发社会的热议。笔者担忧，这样的新闻会不会让原本打算选择教师职业的年轻人打退堂鼓？会不会引发在职教师对职业的低评价、低认同？

2018年年初颁布的《关于全面深化新时代教师队伍建设改革的意见》把造就党和人民满意的高素质专业化创新型教师队伍提到了国家战略发展的高度。但就现状而言，教师队伍中职业倦怠、对待遇不满、职业压力大等现象十分突出。这些现象背后的重要因素是教师的职业认同感。

教师职业认同感是指教师能从心底接受教师职业，并能对教师职业的各个方面做出积极的感知和正面的评价，从而愿意长期从事教师职业的主观心理感受。教师职业认同感是教师走上优秀之路的前提，不认同自己职业身份的好教师是不存在的。

在当前的职业教育环境下，职校教师面临诸多挑战：职业教育在整个教育体系中的地位使得职校教师对自己的职业认同感偏低，甚至羞于提起自己是职业学校的教师；相较于普通高中，职业教育的社会关注度较低，职校教师成就感低；进职校的学生大都学习基础薄弱，学生个体差异大，压力大到让不堪重负的教师选择了逃离。

职校教师岗位对于大学毕业生的吸引力普遍不如普通高中、义务段教师岗位。前不久，台州黄岩区招聘职校教师，27分的成绩竟能进入面试名单。

低分的背后折射的是职校教师招聘难的问题。究其原因，主要是职校专业课教师招聘对操作技能有要求，而这些有经验的技术人员在企业的待遇远远高出学校。强度高、压力大、待遇低成为压在职校教师身上的“三座大山”。

如何提高职校教师的职业认同感，除了行政部门出台相关保障政策和激励制度外，笔者认为可以从以下三方面着手。

一、加强对初入职的职校教师的职业定位培训

传统的师德教育把教师定位为“奉献者”，而随着90后进入教师队伍，年青一代更强调自我个性的表达。现代职业教育对于教师的定位应转向“职业人”。教师不应是蜡烛，只有“春蚕到死丝方尽”的悲凉，而应是明灯，照亮学生人生前行的道路。少宣传教师带病教学的事迹，多宣传健康生活、快乐工作的状态。同时，学校要对职校教师的职业素养提出相应的要求。教师只有对自身有明确的职业定位，才能唤醒和激发职业精神，遵循和维护职业伦理。

二、用职业文化促进职校教师的职业认同

职业文化是从文化层面激发教师内驱力，需要精准定位职校教师职业特征，有效关联各种文化要素，深度融合形成共同价值观，促进职校教师更加认同自己的职业价值和使命。职业文化营造得成功的学校，给予教师更多的信任、充分的尊重，使得教师不仅对学校有集体归属感，而且能更深刻地体会教师职业的意义和价值。

三、打造优秀的团队，拓展教师发展空间

教师所处的环境对教师的身份认同有着关键影响。目前，大部分职校以系部或教研组为基本管理单位，大多数教师基本被圈定在本专业的范围内进行教学活动，具有一定的局限性。名师工作室、大师工作室、优秀教学团

队的建设，在打破职校教师学科专业藩篱上做出了新的尝试，让优秀的专业带头人、技能带头人带领一批年轻教师共同成长进步。榜样的引领力量、身边优秀的成长案例更容易让教师产生职业认同感，以积极的心态绽放内在的自我。

做一名受社会尊重的职校教师，提升职校教师的职业认同感，改变过去职校教师岗位“想说爱你不容易”的尴尬局面是我们的愿景。只有从心里认同职校教师这一职业，才能吸引更多优秀毕业生和技术人员加入职校教师队伍，职业学校才能更好地为国家培养综合素养高的技术技能人才，职业教育也才能真正迎来春暖花开。

（原载《浙江教育报》2018年7月13日）

莫让教师培训成为“鸡肋”

近几年，笔者受邀参加了几次培训讲座，深感现在的教师培训情况不容乐观。培训教室里近半学员缺席；学员打着培训的旗号外出游玩；培训期间手机铃声、讲话声不断……如此种种，让原本造福于教师的培训处于尴尬的境地。

一方面，教育行政部门花费大量的人力、财力、物力推动教师培训工作；另一方面，为了完成每年的规定学分，教师不得不利用双休日、寒暑假等休息时间参加培训，家庭和培训的矛盾让年轻教师左右为难。要有效化解教师培训中出现的种种矛盾和问题，笔者认为不妨从以下三方面入手。

一、优选培训机构，规范培训管理

以浙江省职业教育教师培训为例，有资质的培训机构大多是省内的高职院校和设有职业教育学院的普通高校。专项经费的支持使得教师培训成为各个培训机构争抢的“香饽饽”。培训机构需要营利本无可厚非，但在组织培训的过程中需要严格规范管理。少数培训机构为了吸引教师报名，不惜降低管理标准，放松考勤制度，对代签到、代考核等现象视若无睹。此外，教育行政部门也要从管理的规范性、培训的出勤率、教师的满意度等方面对培训机构进行全方位的过程管控。对存在管理问题的培训机构，实施黄牌警告、红牌罚出场等措施，打造教师培训机构品牌。

二、精选培训项目，满足培训需求

培训要吸引教师、有实效，精选有特色的项目很重要。现在部分培训项目同质化现象严重；培训内容针对性不强，没有有效结合教学实际，无法满足教师的专业成长需求。这也是很多教师对参加培训兴致不高的原因所在。一边是培训机构开设的课程教师不感兴趣，一边是教师想学习却找不到合适的课程。教师培训急需一场“供给侧改革”，尤其是职业教育，各地区域经济发展水平不同，各校专业、学科不同，教师对于培训的需求也是各式各样的。培训机构在打造培训项目时，一定要做好功课。同时，上级部门要适当减少规定性、指令性培训等硬性要求，允许开设个性化培训，鼓励定制特色化培训项目。有了政策的支持和调研数据的支撑，培训机构可以针对不同教师群体，形成分层、分类、个性化的解决方案，有效解决教师专业培训针对性不强的问题，打造培训项目的“爆款”。

三、激发学习动力，提升培训实效

教师培训要出实效，除了培训机构要有好课程外，更重要的是激发教师的学习内驱力。解决教师动力不足的关键是要激发他们的进取精神。当前一些教师打着“佛系教师”的幌子，其实是掩盖他们缺乏进取心、理想信念淡化、满足于现状的事实。对于动力不足的教师，一方面要加强理想信念教育，指导其重新规划职业生涯，确定发展目标；另一方面要为他们搭建舞台，提供展示机会，使其从中得到获得感、成就感和幸福感。学校要健全管理制度，以制度约束和规范教师的教学行为，牢固树立为学生学习而研修、为学生成长而发展的培训理念。同时，对于教学时间段外出参加培训的教师，学校要采取预报、审批制度，根据学校具体教学情况，合理安排培训人员，为参加培训的教师减负，让其轻装上阵，有更多的时间和精力进行深度学习。

教师的专业能力直接影响着学生发展，教师培训是提升教师专业发展的有效途径，也是促进教师终身学习的必然要求。未来教育面临着无法预测的挑战。面对挑战，教师培训必须跟上教师专业成长的需要，与时俱进，成为教师成长的助推器。

（原载《浙江教育报》2018年12月14日）

“阅读贫血症”，当治

前不久，我去某校做一个关于教科研能力提升的讲座，为了活跃气氛，我在讲座开始前做了一个小互动，问在座的教师最近在阅读什么书，竟然出现了尴尬的冷场。有人小声地嘀咕：“每天都要备课、写教案、改作业，累都累死了，哪有时间看书？”这个抱怨还引来不少附和者。再来看我们很多教师的案头，除了教材就是教辅，厚厚一摞中就是没有关于涵养人文精神、培植教育理论、积淀教育智慧、学习班级管理、丰盈教育心灵的高品质读物。

我们常说，要给学生一杯水，教师就先要有一桶水。不看书、不读报，只盯着教材和教辅，围着考试打转转，一桶水从何而来？即使有点水，这水的精神含量也是稀薄的。很多教师在求学时期也是热爱阅读的，也阅读了大量的文学名著，但是工作以后，常常让曾经的热爱都荒废在时光的野草中。《中国教师报》调查结果显示：一是在教师的个人藏书方面，有61.4%的教师个人藏书在100册以内，其中10.5%的教师是“基本没有”；二是在教师年购书支出方面，有60.5%的教师在200元以下，8.7%的教师是“基本不支出”；三是在每天的阅读时间方面，有53.5%的教师平均每天阅读时间不足半小时。这组触目惊心的调查数据表明，作为教书育人者的教师已经不同程度地患上“阅读贫血症”。

既然是病，就要治。作为一个曾经“阅读贫血症”的患者，我感触颇多。2009年，我顺利地评上了中学高级教师。我站在了自以为的山顶上，忽然产生了不知道接下来要干什么的恍惚。教材已经烂熟于心，阅读更是与自己渐行渐远，感觉自己就像一个船夫，将学生从一个渡口划向另一个渡口，周而复始直到退休，职业生涯可以一眼看到头。我还年轻，心态却已经老去，这难道就是我想要的生活吗？后来和一位我所尊敬的师长谈起我的困惑，他没有直接解答我的困惑，而是给我列了一张长长的书单，朱永新、吴非、于永正、肖川、李镇西等教育名家的名字都赫然纸上。我按照书单，将这些书买来认真阅读，大师们飞扬的文字、对教育深沉的热爱激起了我曾经拥有却沉睡已久的激情。我对教育、对课堂、对一切“从来就是这样的”程式产生了许多疑惑、困惑，并在这些“惑”中反思，反思我们的教育。在与大师们的对话中，我重拾当初选择当教师的初心，穿越生活的苦闷，打碎日常的藩篱，看到了更广袤的天地。什么时候，远离阅读的沮丧已如风般逝去？自己的“阅读贫血症”居然治愈了。阅读对我而言，不再是任务，而是一种习惯，现在就连出差我都会随身带着一本书。

主持团队建设以后，我感觉自己多了一份责任，不仅自己要读书，还要带动团队教师一起读书，共同营造阅读的氛围。我在团队建设中，将团队成员阅读能力的提升作为最重要的工作来抓，每年都用专项经费为成员订阅报刊、购买高品质读物。在名师工作室专门开设“悦读书斋”栏目，推荐好书，分享读书心得，组织读书活动。

“师者，所以传道受业解惑也。”教师，不仅要传递给学生学科知识，更重要的是要向学生传递自己对这个世界的看法，让自己成为一本“浩如烟海的大书”，引领学生领略美好的文字和纯粹的情感，照亮教室里年轻的心。

如果你是“阅读贫血症”患者，如果你还在借口“工作很忙，没有时间读书”，那么从现在开始，逼着自己抢一点、占一点、挤一点时间，就像薛瑞萍老师说的，“恋爱的人总有时间拥抱，想读书的人永远都有时间”，先把书读起来。读书是教师最好的修行，阅读能让我们站在人生的高度看教育，视野才能更加开阔，精神才能更加饱满，课堂才会更加有活力。

（原载《浙江教育报》2017年11月3日）

站在大师的肩膀上前行

在人生的不同阶段，总有一些伴随着我们前行的书籍，这些书，就像一轮太阳或者夜晚的明月，让我们不再胆怯、不再孤单，坚定地行走着、跋涉着。书柜里的这套《朱永新教育作品》（十六卷）原本只是从图书馆借来美化办公室的，一整排金灿灿的、装潢精美的书顿时显得办公室“高大上”起来。如果不是一次偶然的翻阅，那么也许我就与这么好的书籍擦肩而过了。整个暑假，我一本一本地读完了整套作品集，在这一整套的《朱永新教育作品》（十六卷）中，有广为人知的《我的教育理想》，也有充满个性色彩的《写在新教育边上》，都让我爱不释手，感慨良多。

朱永新在教育界算是传奇人物，他当过教师，做过苏州市人民政府副市长，现任十四届全国政协副主席、中国民主促进会中央委员会副主席。他自己在书中就提道：“我是个集学生（受教育者）、教师（从事教育者）、教育研究者和教育管理者于一身的人，命运注定了我这辈子与教育有缘。”朱永新的文章没有官话、套话，没有艰涩的理论，他用朴素的文字写出了对教育的忧虑、对教育的激情、对教育的思考，让我深深地敬佩、由衷地感动。

一、生命的另外一半

有别于作品集中其他几卷严谨完整的内容，《写在新教育边上》更多的是朱永新心路历程的记录，有他为纪念逝去的父亲的文字，有他给儿子写的几封信，这些都让我们深切地体会到一个教育家深沉的爱。

朱永新在书里写到一个学生的故事：这是一个没有生活目标的学生，对一切都是那么满不在乎；考试考到30分钟时，一个电话就可以让她离开考场；上课的时候，她也是想听就听，想睡就睡，或者看一些无聊的小说。对于这样的学生，批评、责罚、说教，一切的一切似乎都没有了作用。她对老师说，“我的一切都是父母安排好的，从读书到工作，甚至以后的成家、育子，我不知道自己要做什么”。这样的话语、这样的行为，在我们眼里是多么熟悉，我们的很多学生不知道自己要做什么，不知道自己要往何处去，上课睡觉，晚上沉迷于游戏，每天浑浑噩噩，这似乎已经成为许多职高学生的“通病”。

书里还有一个非常值得玩味的故事。说的是英国一个名叫斯尔曼的残疾青年，尽管他的腿有慢性肌肉萎缩症，走路有许多不便，但他还是创造了许多连健全人也无法完成的奇迹。19岁，他登上了世界屋脊珠穆朗玛峰；21岁，他征服了阿尔卑斯山；22岁，他又攀登上了他父母曾经遇难的乞力马扎罗山；28岁前，世界上著名的高山几乎都被他踩在了脚下。但是，就在他最辉煌的时刻，他自杀了。在遗书中，他写道：“如今，功成名就的我感到无事可做了，我没有了新的目标……”他没有了人生目标，因此也就感觉不到生命的意义。

两个看似毫无关联的故事都告诉我们一个道理：一个完整的生命，永远包含着精神与肉体两个方面，目标就是一个人生命的意义，指引着人行走的方向，没有目标，生命中作为精神的一部分就失去了。对于那些为了目标而存在的个体而言，如斯尔曼那样，没有目标，也就没有了生命的价值，就可能主动选择死亡。而前面提到的那名学生，虽然并没有清晰地意识到自己的目标，但是没有目标的他们，也同样没有了生命的价值，就会丧失前行的动力，肉体苟活，精神却已濒临死亡。由此可见，我们每个人都要树立目标，并为之努力，这样才能拥有完整的生命。

二、教育是一种情怀

提到朱永新，就一定会联想到新教育。他说：“通过新教育实验，唤醒一线老师的行动，用行动为中国教育积累一些经验，哪怕是教训。通过推广阅读，让阅读这盏灯，去点燃更多人的心灯，让全社会每个人都参与到共建精神家园的行动中来。这就是我的梦想。”

起源于2000年的新教育实验是以教师成长为起点，以营造“书香校园”等行动为途径，以帮助新教育共同体成员“过一种幸福完整的教育生活”为目的的教育实验。在应试教育的背景下，当我们的教育还是围绕着高考的指挥棒转时，朱永新提出的新教育无疑是在建造教育的“乌托邦王国”，甚至我也曾一度怀疑他如此费心费力地去做一件吃力不讨好的事情是否是为了沽名钓誉。但是在阅读他的作品过程中，让我真真切切地感受到一位教育家对于中国教育现状的焦虑、对于教育的满腔深情和敢于进行教育创新改革的勇气。朱永新写过一首诗——《新教育的种子》：

我是一粒种子
一粒新教育的种子
我来自理想与激情催开的花儿
我无法选择我落到怎样的土壤
——富饶还是贫瘠，北国还是南方
无论把我埋得多深，我终将穿越泥土
向着明亮的那方
……

诗性伴理想同行，朱永新用诗人的语言写出了他的教育情怀，也写出了我们职教人的心声。

在踏入教师这个行业之初，我们都曾怀着美好浪漫的憧憬，虽然心怀忐忑，但是都相信自己能够最大限度地带领学生一起成长，实现自己的人生价值。但是，信念很快就被复杂与残酷的现实粉碎，相比普通教育，我们职业教育的土壤是贫瘠的，有的地方甚至能算得上是盐碱地，享受阳光雨露的时候，我们也只能分到可怜的一点点。在如此恶劣的条件下，职校教师渐渐呈现出不同的境界：一是把教师作为职业，把工作视为付出劳动交换薪酬的谋生工具；二是把教师作为事业，把工作作为实现个人价值的舞台，渴望来自他人，尤其是学生的肯定，工作关系着自己的成就感；三是把教师作为志业，把工作视为意义之指归，职业与生命融为一体。

朱永新在书中写道："在漫长的职业生涯中，身为教师者应该不断地追问自己：我是谁？我应往哪里去？这种追问，其实就是对职业生涯的意义乃至于人生意义的追问，并最终用行动对之作出回答。"生命之花的绽放是绚丽的，生命之果的采摘是幸福的。但是，从种子到破土，它所经历的一个个日夜、一个个四季，都是寂寞的，需要我们用信念、用爱去承受和担当。如果没有对教育的深刻感悟，没有对教育的深厚情感，我们如何能把一个个稚嫩的生命引向成功乃至卓越？我们又如何能面对外在的喧嚣浮躁，保持自我内心的冷静和职业的自尊乃至敬畏？

当读完朱永新的十六卷教育论著后，我渐渐对他的教育思想有了比较清晰的理解，走近大师，聆听他的声音，汲取他的智慧，不是为了摘录教育名言，探究教育理论，而是为了站在大师的肩膀上前行。"只要不让年轻时美丽的梦想随岁月飘逝，成功总有一天会出现在你的面前。"这是大师对我们的真诚规劝，更是对我们的殷切期望。职业教育的春天已经离我们越来越近，我们这些园丁更应该辛勤耕耘，让这片贫瘠的土地早日开出灿烂的春花。我希望自己也能如书中说的那样，"当我们的学生离开校园的时候，带走的不应该只有知识，更重要的是对理想的追求"，让每一位职校毕业的学子都能成为受社会尊重的人。

（原载《打造全能型职校教师：讲述一名职校名师的成长故事》，北京交通大学出版社2019年版，第108—111页，有修改）

我愿作土壤

我愿作土壤，哺育我的孩子们。当他们需要养料时，我会无私地给予；当他们经历风暴时，我不会遮挡，但会给他们最坚强的依靠。

我愿作土壤，拥抱我的孩子们。我也会将自己的怀抱张到最大，让他们的根扎得更深。我不在乎他们拼命扎入我的身体，一点一点探入我的心脏。

——题记

经历了马不停蹄的一个学期，我终于欣喜地盼到了暑假，日历上不再是密密麻麻的日程安排，这就意味着我有了大把自己的时间，可以用来看看书给自己充充电。在一个酷暑的午后，我捧起了李镇西老师主编的《做个好老师并不难》，一个个鲜活的案例如拳头般重重地撞击着我，朴实真挚的文字深深地打动了我，让我重新开始思考：什么叫作教育？

这本书不是李镇西老师的专著，是他和十几位优秀教师共同撰写的。书中既有深入独到的理性思考，又有大量生动鲜活的实践案例分析；既有精彩的教育故事，又有深邃诚恳的实践心得。这些朴素真切的文字，杂糅了经历、感悟、智慧与激情，记下了教育人生某些精彩的体验，无论打开哪一页，都充满了对人的成长秘密的感叹和眷恋。在文字背后，我所看到的是长久的耐心和甘守麦田的执着。

书中让我印象最深刻的一篇文章是一位名不见经传的年轻教师写的《无能的力量》，他记录了自己10年来的成长经历，一大摞奖状和班级学生优秀的成绩却让他一次次与职称晋升错过，所有的努力在残酷的现实前轰然倒塌。他一次次问自己："为什么我尽心竭力地付出却只换来被淘汰出局的结果？我是一名优秀的教师吗？我成为教师的目的究竟是什么？什么是评判一个教师优秀与否的标准？"这一连串的问题，他自己也不知道答案。在经历了痛苦、挣扎和迷茫后，他没有选择抱怨和放弃，而是选择了去支教，去找回已经被遗忘的、对学生最质朴的情感，以及对理想的追逐，他在文中这样写道："我突然明白，教育就是俯下身子倾听，教育就是用心灵播种心灵，教育就是享受诗意的过程。""幸福是什么？是心怀理想去做自己喜欢的事情。"在为作者点赞的同时，我仿佛在他身上看到自己的影子，回望自己十多年的教学生涯，成长的痕迹也是历历在目。

还记得十多年前，我怀揣着做一个好教师的梦想来到宁波职教中心，精致的校园、可亲的领导都让我对即将开始的教坛生涯充满信心。但是不久以后，现实和理想的差距就显露出来，学生学习成绩和基础差、学习态度差，那不就是以前我上学的时候班级里最差的那些学生的翻版吗？这与我心目中的高中差距太大，很多时候管理课堂纪律花的时间比教授知识花的时间还要多，精心准备的课上学生呼呼大睡，第二天交上来的作业稀稀拉拉。这还不算最糟糕的，当了班主任以后我每天都能收到一大堆违纪单，迟到、上课吃零食、晚自修说话等，更崩溃的还有寝室管理员来告状，说班级学生使用坐便器大便的时候方向不对，结果把"粪"涂坐便器上了。以上种种渐渐把我逼到崩溃边缘，某一天班级学生因为外聘教师口音太重而"罢课"，教室里先后来了学校大大小小的领导。这个事情犹如最后一根稻草，把我好不容易做出来的坚强面具压得粉碎。我第一次在学生面前毫无形象地痛哭失声。在那一刻，一种力不从心的无力感让我第一次对自己能不能当一个好教师产生了怀疑，我真的不知道今后我该怎么来面对我的学生。所幸我的学生们还是一群善良单纯的孩子，也许是我的泪水让他们心软了，在以后的日子里，他们都没有为难我，而是比以前更团结了、更听我的话了。

当我越来越适应职业教育的节奏，并渐渐游刃有余时，我始终感谢我的第一届学生们，是他们给了我初为人师的体验，是他们包容了我作为新手的种种缺点，是他们带着我一起成长。因此，我也重新审视了自己，就像书中所说的那样："人性是多层面的，是丰富的。老师的眼光、家长的眼光、社会的眼光与真实的自我之间，永远存在差距。"什么叫作教育？我连对学生起码的理解都不够，谈何了解？谈何爱与尊重？现在想来，这就是冥冥之中的一种注定，注定让我经受种种考验后对教育、对人生有深刻的反思。

曾几何时，我们也都是怀揣着对教育的憧憬开始自己的教师生涯，但是很快我们的生活状态也随之改变。理想和现实的冲突，是我们人生的修行，是在痛苦的拷问和鞭挞下，对人生和自我价值的叩问、反思和升华。书中李镇西老师的一段话对这些问题做了很好的诠释："教育的爱是没有功利性的，有了功利性就不叫爱。教育效果的出现，是推动学生转变的最大动力，仅仅靠爱是远远不够的，还需要智慧。"

我真心地建议每一位教师有空都能翻阅一下这本书，尤其是青年教师。书中所蕴含的教育智慧能给我们带来诸多启迪，让我们回到孩子的心，回到教师的爱，回到教育的原点，回到纯粹的初衷，把教育梦想变成一生的坚守。

从教十多年，即将跨入四十不惑，我觉得自己的教育人生又站在了新的起点。"我愿作土壤，静静端详这纷扰的世界。靠自己的双眼慢慢充实自己的心灵，沉默着守护着这个世界，即使没有人懂得我的坚持，即使永不被人知道，我也心甘情愿，因为——这是我的孩子们所栖息的地方。"

（原载《职业教育》2019年第22期，有删减）

给生命焐暖

一阵紧似一阵的寒风预示着冬天的到来，就是在这样一个冬日的下午，我翻开了窦桂梅老师的《做一名有专业尊严的教师》一书，没有华丽词汇的堆砌，全书朴实无华，犹如一位智慧的长者在你耳畔娓娓道来，那温暖的文字让我感受到了冬日暖阳的温度。

窦老师告诉我们：作为教师，我们的尊严不是声嘶力竭的争辩，不是故作坚强的反击，而是来自我们自身专业的素养和智慧的积淀。每一个教师专业自我的发展过程，就是实现一个知识分子真正专业尊严的过程。做有专业尊严的教师，我离理想的差距还有多远？还有多少路程需要我去走？我开始认真审视我14年的职业教育生涯。

2006年，我参加了宁波市第九届教坛新秀的评选，大市评比的那堂课赢得满堂喝彩，听课的评委遇到我都夸赞我的教学设计巧妙。其实有创意、善于用活动来串联知识点是我的优势，我总能迸发出灵感，让活动变得新颖有趣。我毫无悬念地获得一等奖。此后，我更是将注意力落在自己的优势上，课堂在我的“扬长”中走向了浮华。直到一次偶然的机会，听了郑瑄老师的一堂数学课。她只用了几张幻灯片，不枝不蔓地将起承转合和轻重缓急落在实处，极具节奏之美和张弛之美，就像水墨写意，看似简单的寥寥数笔，却是层次十足，韵味无穷。

我惊觉，不知不觉中，我的优势恰恰成了我的障碍。我开始沉下心来思考如何返璞归真，开始认真观摩优秀教师的现场课、录像课，记下了厚厚的几本听课笔记和教学反思，我的课堂开始走向简约，却更具质感。

2009年，我顺利地评上了中学高级教师，曾经以为中学高级教师犹如一座难以翻越的高山，但是经过10年不断的攀登，我站在了山顶上，而此时的我忽然产生了不知道接下来要干什么的恍惚。一段时间里，我沉迷于电子小说，思想在古代和现代来回穿越，眼睛很疲劳，精神很空虚。后来和一位我所尊敬的师长谈起我的困惑，她问我：你写论文和做课题的目的是什么？一个问题点醒了我，我的论文和课题其实早已过多地带上了功利的色彩，为了论文而论文，因为评职称需要，为了课题而课题，因为评职称可以加分，所以一旦评完了职称，我就失去科研的动力了。正像窦老师在书中提到的，我们需要反思：自己有没有被功利的课题研究和论文钳制？你是否注重扎根于实践、滋养于读书，用自己的头脑思考，用自己的语言表达自己的思想？你是否有了关于教科书以外的见解，并将之体现于驾驭课堂的独特魅力？认识到了问题所在，抛却了职称、评奖的功利外衣，坐在书桌前的我，多了一份从容的心态，我阐述我的想法，在实践中探索我的主张，学会用思考行走在教研的道路上。

总有那么一群人，他们看似站在我们遥不可及的高山之巅，我们羡慕于他们取得的巨大成就，叹服于他们的一大堆荣誉与光环，但是我们却往往会忽略他们这一路走来的艰辛与努力。走近名师，你会发现他们真正折服你的是他们来自“根部”的底气，是他们形成自我特色的专业修养和思想情怀。再看我身边的一些特级教师、名师，很多人谈起他们，最常用的一个词就是“爱折腾”。曾经我也挺烦“爱折腾”的人，觉得他们怎么就那么喜欢没事找事呢？但是我后来慢慢理解了，我们有些时候就是缺少那股子“爱折腾”的劲儿，安于现状，在平庸的生活中碌碌无为，重复着我们教了几年、十几年甚至是几十年的教材，毫无新意，这样的生活可以一眼望到底，我们还年轻，心态却已经老去。这难道就是我们想要的生活吗？在这些教育名家看似顺理成章的专业成长路上，实则充满了和平庸生活方式相抗争的不屈不挠精神，他们中的有些人虽然已经年华老去，但是心态却一直那么年轻、充满激情。就像窦老师在书中所写的：一个教师能走多远，他的学生就能走多远。如果我们停滞不前，又怎么能带领我们的学生一路前行呢？

14年的职业教育生涯在回忆中仿佛弹指一挥间，在我的前面还有无数高山等待着我去攀登，但是我不会再执着于去征服高山，而是会从容地享受攀登过程中的点点滴滴，越是往前走，再回首时，越是觉得曾经的记忆，都是人生的奠基石，都曾经在寒冬给我们的生命焐暖。这就是成长。

（原载《职业教育》2013年第31期，有修改）

团队协作，助推中职学生幸福起航

——宁波市职教中心学校工业产品创新创意教学团队建设纪实

如果你想走得快，那么你就一个人走。如果你想走得远，那么就一起走。

——格言

2013级数控班的张祖航一定没想到，自己一下子成了学校的名人。2015年5月，张祖航作为主力队员，在青少年机器人世界杯中国公开赛中获得了冠军。张祖航和工业产品创新创意教学团队一时成了新闻热点，被宁波多家媒体争相报道。团队的得意之作是两个“高大上”的机器人——迷宫机器人通过超声波模块进行位置识别，能在任何迷宫中行走自如；搬运工机器人拥有运动自如的机械臂，夹住目标就往自己的物料仓中放，干脆利落。

一、“专业混搭式”集训催生一个团队

工业产品创新创意教学团队的领头人（笔者）拥有一张令人目眩的名片：浙江省特级教师、机械工程硕士、高级技师、注册安全工程师、中国职业技术教育学会教学工作委员会数控专业研究分会委员、全国高职高专教育师资培训主讲教师。谈及为什么会成立这支团队，王老师讲了一个故事：

“2010年，全国技能大赛出现一个新的赛项——工业产品（CAD技术）。我曾经带过8年的CAD技能比赛，连续三届获省赛一等奖。但是接到这个任务时，我一下子愣住了，新的赛项，尽管带有CAD字眼，但此CAD非彼CAD，这不是机械专业项目，而是属于计算机专业的赛项，但是就我对赛项的解读，选择机械专业的学生去参赛可能更有优势。当时，全新的软件，全新的内容，手头没有任何资料，网络上找不到有价值的信息。更糟糕的是，从接到消息到选拔赛开始，只有不到两个月的时间。为了保险起见，我最终在计算机专业和机械专业的学生里各挑了几名开始了‘魔鬼’训练。这是一次‘专业混搭’的集训，却收到了意想不到的效果。计算机专业的学生软件设计能力强，机械专业的学生则擅长产品结构设计和加工，两者协同合作，再加上两个教研组的教师协同辅导，那一年，我们的学生登上了全国技能大赛工业产品项目的冠军领奖台。”

当时，学校的创新创意教育正开展得如火如荼，看到这次比赛的获奖作品，指导创新创意的李政老师分外高兴：“制作这些作品，就是很好的小发明。我们创新创意社团的学生制作能力强，但设计能力弱，如果合作，我们的创新实力必定会大大增强！”

一个想法在笔者的脑海中闪现：几个专业的教师合作，打造一个无界化的教学团队，集优质资源，倾力指导学生进行创新创意活动。

团队成员副校长徐瑛老师说：“其实，无界化已经是职业教育的新常态，在现代教学模式下，学校和企业、专业和专业之间不再泾渭分明，创新创意教育更需要校内校外开放、业内业外合作、线上线下交融的教师协作格局，无界化的教学团队势必应运而生。”

二、四个轮子驱动一辆战车

2014年，由笔者领衔的工业产品创新创意教学团队正式成立，团队成员共13人，其中企业行业成员2人，本校教师11人，分别来自数控、产品设计、工美、网络、数媒、模具、电子、语文8个不同专业学科。

两年来，教学团队打破专业壁垒迅速成长。笔者把这支教学团队比喻成一辆呼啸的战车。它能快速前进，因为它有四个轮子+强悍的内驱力共同驱动。

第一个轮子：一个理念，即基于选择的浙江省中职课程改革理念。

第二个轮子：两项规划，即教学团队建设规划和团队教师个人成长规划。

第三个轮子：三个平台，即校企合作平台、课程开发平台、课堂教学平台。

第四个轮子：四个载体，即精品课程建设、地方特色教材开发、技能创新设计比赛、学习型社团建设。

强悍的内驱力：教师们主动成长的意识、共同进取的决心，以及助推学生发明创造的能力。

在这个教学团队中，每位成员都站在集体的肩膀上飞翔，突破单兵作战的局限性，拓宽个体专业发展的广度。李政老师是电子教师，在指导学生机器人制作方面是行家，也是创新大赛的金牌教练；笔者擅长CAD设计、3D打印设计等；仲爱萍老师是语文教师，在指导学生创新思维方面颇有心得。三位教师合作编写了《校园“爱迪生”》，作为校园创新活动的指导用书，学生从形成创新思维开始，到掌握创造发明基本设计技能，再到把握产品制作工艺，最后了解创造发明的专利申报方式。这本书，可以说是学生发明创造的启蒙读本，把无界化教学团队的协作功能彰显得淋漓尽致。

不仅如此，教师们还建成校园创客中心，开发课程资源，建设微课资源库，让热爱发明创造的学生们在课余时间进行微课学习；组织学校创新创意社团，指导教师每周为学生讲创新思维、教编程知识，学生按学时拿学分。

为了鼓励创新，学校建起创新创意研发基地，有3D打印机、数控加工机床、电焊机等设备。李政老师说：“创新创意研发基地不设门槛，对每个学生开放，让学生们尽情探索和实验。”

工业产品创新创意教学团队在协作中成长，在探索中前进。近两年来完成宁波市“工业产品设计”精品课程建设，完成国家级“数控车削加工技术与技能”题库开发，完成“CAD三维造型”等五门课程的“微课”资源库开发。团队成员编写的《校园“爱迪生”》等四本教材被立项为浙江省首批中职课程改革校本选修教材。在中职的各项赛事中，团队成员和所辅导的学生屡获大奖，成绩显著。一批优秀的教师在团队中幸福成长。

三、“给我一块芯片，我能创造神奇”

教学团队存在的价值，最终体现在是否能促进学生的成长。工业产品创新创意教学团队致力于在校园普及创意知识，推广创意技术，指导学生创造发明。最近，教学团队做了一个大手笔的项目：共同指导的学生发明成果被企业斥巨资买断。

在日常生活中，电缆设备的故障十分常见，一个小小的电缆断点，会造成整个房间甚至整幢楼停电，解决这些故障的方法却十分简单，只要找出断点的位置，简单接线就能完全修复。而查找电缆断点是一个技术性难题。团队针对这个难题组织学生技术攻关，设计了一种能够快速、简单、有效查找断点的仪器——电缆断点查找仪。

同学们想到，当水管破裂时，水会从破裂处喷涌而出，但是电是肉眼看不到的，如果有一种仪器能使得电流从电缆的破裂处“流淌”出来，就能够轻而易举地找到电缆的断点。

抓住了学生的创意灵感，教学团队根据个人专长对学生进行专项指导，因材施教，笔者和金培老师指导三维建模造型，李政老师指导电子产品制作，姜璟、毛贝迪老师指导产品海报设计，沈元、余挺挺老师指导网站设计和视频制作，仲爱萍、徐瑛老师指导产品文案写作，陈杰、徐翔昊老师指导产品的加工制作，企业的徐雪波老师指导产品的专利申请，肖尧老师指导软件的技术支持。

就这样，几个学生在团队教师们的指导下，利用课余时间和假期，在学校的实验室里“泡”了几个月，终于找到了研发突破点。

同学们最先研发了家庭版“电缆医生”，那是一个“迷你箱体”，内置锂电池，配备了各种常用电缆的插孔。只要将两个测试夹夹在其两端，打开电源开关，按下测试按钮，电缆断点处就会产生电弧放电，单凭肉眼就能辨别断点。

除了家庭版的“电缆医生”，学生们还在团队指导下研发了工业版，在增加功率的同时，配备了“手持式断点感应探测仪”。它运用相同原理查找高压电缆、通信电缆及埋于墙内、地下的电力线的断点。

最终，电缆断点查找仪获得国家实用新型专利，并获得宁波市中等职业学校学生创新创业大赛发明创造类一等奖。经过进一步包装设计，在网络平台上推广，并赢得了企业的青睐。

“我一直在关注这类产品，没想到几个职高学生的小发明把工业设备生活化了。”买断这项发明的宁波市光市电器材有限公司的曹经理说，“这项小发明很有实用价值，预计投入生产的话，成本不过几十元，远低于市场上类似产品动辄上千元的价格，而且功能优于后者。”

四、前进，我们一直在路上

工业产品创新创意教学团队是当之无愧的金牌团队，指导学生在全国、省、市各级竞赛中摘金夺银，创下了辉煌的战绩，学校连续5年获得浙江省创新大赛一等奖。在教学团队指导下，同学们的创造思维被点燃，创造能力突飞猛进，仅这3年，就研发了几十件创意产品，如为残疾人设计的头控鼠标、电缆断点查找仪、乒乓发球机器人、感应式便携垃圾桶等。

宁波电视台著名电视节目《讲大道》专门为同学们做了一期专题；2010级数控专业的余达辉同学从一个不爱学习的普通学生成长为热爱学习、积极创新的社团骨干，被评为宁波市第六批“中小学生身边的榜样”；2011级数控专业的安红伟等同学设计的“乒乓球陪练机器人”先后获得浙江省青少年科技创新大赛一等奖、全国青少年创意机器人项目银牌的好成绩，还登上了《人民日报》、《北京日报》、CCTV新闻频道和北京卫视，甚至受邀进入中国科学技术馆进行展示。

作为团队负责人，笔者时常感叹，一个优秀团队的核心力量是团结。每位成员都在各自的专业领域独当一面，合在一起又能互补专业的不足，形成一个强大的、优秀的团队。在累累硕果的背后，是团队成员克服了常人难以想象的困难，付出了常人不可理解的艰辛。怀着对教育的责任，对工业产品创新创意的执着追求，团队从课程改革入手，无论是建设实训基地，还是修订精品课程，团队成员始终协同创新，引领学生在发明创造中实现自身的价值。

很多人都诧异团队的教师为什么永葆活力？教师们回答：“我们就像幸福的陀螺，不停地旋转。我们的不竭动力其实来自两个部分——外在的部分是团队的力量，内在的部分是实现自我价值的追求。如果光靠内在的动力，有时候会疲倦，但团队的支持鞭策我们继续前进。”

而今，学生们在工业产品创新创意教学团队的指导下，正整装待发，迎长风破万里浪，又一次幸福起航。

（原载《职业教育》2016年第1期，有删减）

“三阶三型”分梯度　“四轮”驱动促团建

教师成长到一个阶段后，专业发展往往会停滞不前。在调研中发现，教师遭遇“瓶颈期”的症结主要归结于：缺乏专家引领，缺乏同伴互助，缺乏专业发展的动力，缺乏通畅的专业发展相关信息获取通道。

浙江省王姬名师工作室（以下简称“工作室”）自2017年成立以来，依托之江汇“名师网络工作室”平台，经过六年多的专业教师培养模式和教师教育团队建设的探索实践，逐步形成跨区域（城市乡村）、跨渠道（线上线下）、跨领域（学校企业）的教师专业发展新生态，提炼出“‘三阶三型’分梯度　‘四轮’驱动促团建”教师团队建设模式，引领教师克服职业倦怠、提升专业素养、激发成长动力，为专业教师成长绘就新蓝图，培养出了一支优秀的充满活力的教师教育创新团队。

一、“三阶”分段，演绎动态梯度成长

工作室立足学科专业建设团队，将工作室成员的成长规划为三个阶段：成长阶段——通过申请、审核成为工作室的成员，明晰成长任务，淬炼教学技能和专业技能，实现平原快跑；成熟阶段——工作室成员结合自身专业特点选择方向进行教学研究，夯实教科研理论基础，实现坡道攀升；成名阶段——在名师的指导下，工作室成员进行课程开发、资源建设、教学改革，提炼教学理念，形成个性化的教学特色，实现高原突破。

二、“三型”定位，催生优质多元发展

工作室成员各有所长，对成员进行成长规划时充分考虑个性化成长、多样化发展，将成员分成三种类型，有所侧重地对不同“阶段”和“类型”的成员进行培养。成长阶段注重通过名师传帮带、工作室各类线上线下主题研修活动、公开课展示、技能拉练交流等途径提升教学专业技能，成为教学能力强和专业技能水平强的“技能型”教师；成熟阶段注重通过积极参与课程开发、申请课题立项、参与论文案例撰写等途径提升教科研能力，向教科研能力强的“研究型”教师发展；成名阶段注重通过主持项目建设、提炼成果推广等途径形成个性化教学特色，有区域影响力，打造“特色型”教师。

工作室在建设期间涌现了一批技能型、研究型、特色型教坛新秀和“双师型”教师、市级名师、全国技术能手、省特级教师、省正高级教师。从对教学设计、课程开发、课题实施、论文案例写作等一筹莫展到驾轻就熟，随着一批教材出版、课程资源上线、课题立项结题、论文案例发表获奖，“实践中成长、成长中实践”，工作室成员的教育信息化水平、教科研能力得到了飞速的提升。

三、“四轮”驱动，促进团队建设“四度”

在“三阶三型”分梯度的清晰规划基础上，工作室的有效运行通过“四轮”驱动来实现“四度”建设目标。

（一）打造教学研共同体，实现团队建设深度

工作室打造教学研共同体，通过共读同研、主题研学等举措夯实团队建设深度。

共读同研促成长。教学研共同体的核心是学习，工作室组织开展的学习活动分为三类：一是“好书悦读”活动，工作室设有“悦读书斋”栏目，在下设的“悦读书目”子栏目进行好书推荐，成员在平台上点赞、评论、

分享，对于经典书目的阅读，以名师、学科带头人导读分享，成员共读的形式，让成员在学习中成长、在阅读中提升；二是阅读经验分享，在“好书悦读”活动中，成员要在平台上上传阅读心得或者书评进行分享，工作室组织评比，有交流、有评比、有提升，这就是团队学习的力量；三是线上线下读书沙龙，邀请教育专家、知名学者开设主题讲座，分享教育理念和学术成果，通过面对面交流和线上互动等形式，提升成员学习的理论水平和参与科研的积极性。

主题教研促转型。工作室倡导的主题教研活动是教中研、研中学一体化，针对教科研中遇到的热点、难点、痛点、堵点，开展讨论和研究。2020—2022年，工作室基于之江汇平台开展48次线上主题教研活动，推出了18节机械专业理论复习系列直播课，2023—2024年，围绕“职教高考”推出25节名师直播课，师生观看人数近10万人次。近五年内，工作室共组织开展154次线上、线下主题教研活动，活动针对性强、参与面广、形式灵活，让工作室成员从自发到自觉，唤醒教师发展的自觉意识和潜能，帮助成员实现从“技能型”教师向“研究型”教师的转型升级。

（二）联合名师结成联盟，拓展团队建设广度

为克服团队建设模式单一带来的弊端，工作室与省内多个工作室结成名师工作室联盟，开展联合教研活动。从原先的“1+X”到“N+X”，工作室实现多名导师发挥所长强强联合指导，不仅使名师之间在交流碰撞中激发二次成长的活力，同时也使得工作室成员博采众长，加强与其他工作室成员的互动交流，打破小圈子局限，拓展了团队建设广度。

（三）搭建多元发展平台，增添团队建设维度

职业教育的工作室建设要突出“职业性”特点，成员的成长都要立足于自身的学科专业，专业建设是工作室的根基。为此，工作室着力为成员搭建好校企合作平台、课程开发平台、课堂教学平台，增添教学团队建设的维度。

校企合作平台促产教融合。工作室鼓励、组织骨干成员下企业一线学习，学习新知识、新技术、新工艺，与小微企业合作开发创新产品，破解企业技术难题。作为工作室所在的基地校，与企业签订合作备忘录、校外合作基地协议，将企业真实典型项目案例修改完善为教学项目，将企业生产标准、企业文化结合思政元素融入教学内容，有效促进产教融合。

课程开发平台建共享资源。利用工作室平台发布课程开发、教材编写、资源建设等项目任务，采取自主组团申报—立项方案研讨—项目分工实施—验收反馈总结的“项目承包”形式，鼓励成员组团进行项目攻关，在名师和学科带头人的主持下完成项目。建设完成的课程资源均发布在中国大学慕课网、浙江微课网、工作室平台上共享。

课堂教学平台展成员风采。工作室借助之江汇网络平台，在教研活动中开设线下现场听课、线上网络直播形式的“名师带你学”“名师面对面”示范课和学科带头人的“携手乡村名师课堂”，缓解了乡村学校因交通不便而无法参与现场听课的困境。线上线下灵活的主题教研活动为工作室成员提供了充分的展示机会，培育出一批在全国教师教学能力比赛、全国说课和教学设计比赛中脱颖而出的“技能型”教师。

（四）课题引领项目建设，提升团队建设高度

工作室通过课题引领、项目建设，集聚成员一起攻坚克难、跨专业合作，提升团队建设高度。

课题做引领。让工作室成员研究更具方向感。从最初的鼓励工作室成员参与名师的课题，到成员独立主持完成市级以上课题，工作室通过名师面对面、专家讲座、科研沙龙等方式，加深成员对课题的理论层面的理解；采取分步实施、过程管理的方式推进课题的实践。以课题为引领，“研中做、做中研”，团队的教科研总体实力得到明显提升，一批“研究型”教师脱颖而出。

项目为抓手。集成式辅导让成果更完美呈现。来自不同专业学科的工作室成员跨界合作，发挥各自的学科专业优势，强强联合开发典型教学项目、创新设计项目。来自不同区域的工作室等成员打破地区壁垒，线上线下进行技能交流，指导学生项目攻关，最大限度地实现共享、互补、融通，助力师生在产教融合、创新设计中取得成果，服务社会。工作室成员指导学生获奖成绩突出。工作室的学科带头人和骨干教师辅导学生在全国职业院校技能大赛、行业赛、创新创业类等各级各类活动赛事中表现亮眼，多名“金牌教练”脱颖而出，实现了从工作室成立初期“星星点灯”的“小满意”到现在“阳光普照”的“大成果”。

工作室名片：浙江省王姬名师工作室成立于2017年，并于同年5月正式在浙江名师网开通上线，经过四轮建设，已经培养学科带头人15名，骨干学员65名，网络学员3310名。近五年，工作室建设完成22门国家级慕课、省级精品微课程、名师金课，出版教材30多本①。工作室成员本人和指导学生获得国家级奖项146项、省级奖项131项。

（原载《中国教师报》2024年10月23日，有修改）

① 数据统计截至2024年5月。

基于名师网络工作室的“助—学—研”教师共同体创新实践

教师队伍是教育发展的第一资源，是支撑新时代国家教育改革的关键力量。党的十八大以来，国家聚焦教师发展出台了一系列政策，有力推动了教师队伍质量的提升。2018年，中共中央、国务院印发了《关于全面深化新时代教师队伍建设改革的意见》（以下简称《意见》），《意见》中提出建设的“目标任务”：“到2035年，教师综合素质、专业化水平和创新能力大幅提升，培养造就数以百万计的骨干教师、数以十万计的卓越教师、数以万计的教育家型教师。教师管理体制机制科学高效，实现教师队伍治理体系和治理能力现代化。教师主动适应信息化、人工智能等新技术变革，积极有效开展教育教学。”教师专业发展有不同的实践路径，探索名师网络工作室这一“互联网+教师专业发展”的新模式，对于教育信息化2. 0时代的教师队伍建设具有现实意义。

王姬网络名师工作室（以下简称“工作室”）于2017年在之江汇平台成立，经过6年多的探索实践，工作室依托之江汇“名师网络工作室”平台，建设理念不断更新迭代，建设举措不断推陈出新，探索基于名师网络工作室的“助—学—研”闭环的教师共同体创新实践，将学校的“助”、学生的“学”、教师的“研”集成在一起，为教师队伍建设新模式提供了有利的着力点。

一、“双层双线双向”：构建教师共同体新体系

教师发展动力不足、教师教育视野狭窄、教师成长平台匮乏、城乡区域发展不平衡是目前教师队伍建设中突出的问题，已成为影响教师专业发展的重要桎梏。针对以上问题，工作室充分利用名师的示范辐射作用，以培养社会需要的复合型技术技能人才为共同目标，组建“平台+生态”为主要特征的教师共同体，依托之江汇“名师网络工作室”平台，逐步形成跨区域（城市乡村）、跨渠道（线上线下）、跨领域（学校企业）的教师专业发展新生态，引领教师克服职业倦怠，提升专业素养，激发成长动力。在建设名师工作室的过程中，我们采用“双层双线双向”机制创新性构建“助—学—研”闭环的教师共同体新体系，实现团队成员“成长—成熟—成名”的三阶培养目标，使工作室真正成为教师专业发展的“助推器”。

（一）“双层”互动，帮扶乡村送教，为学校的“助”增值

1. 挂牌示范：筑牢“基本点”

工作室在学校建立实体工作室挂牌示范，在结对帮扶的乡村学校龙游县职业技术学校、松阳县职业中专、慈溪市锦堂高级职业中学等建立送教基地挂牌示范，定期在实体工作室、送教基地两个层级开展帮扶送教活动。

2. 引领辐射：压实“延伸线”

工作室招收陈洁芳、洪丽玲等10多名乡村优秀教师担任学科带头人，成为工作室示范辐射的传播者，指导他们招收当地乡村教师成为工作室骨干成员，由乡村带动乡村，探索出乡村送教可持续的有效途径。

3. 联盟发力：扩大“覆盖面”

工作室与王岗名师工作室等省级名师工作室结成联盟，开展联合教研活动。从原先的“1+X”到“N+X”，工作室实现多名导师发挥所长强强联合指导，不仅使名师之间在交流碰撞中激发二次成长的活力，还加强与其他工作

室成员的互动交流，打破小圈子局限，拓展了团队建设广度。

（二）“双线”互融，赋能教学变革，为学生的“学”增效

1. 直播课堂互学

为解决城乡教育资源不均衡、因师资不足不能在学校进行复习迎考的学生自学、因特殊时期等原因不能正常开展教学、学生在学习中遇到困惑需要答疑等问题，工作室推出直播课堂。线上教师进行直播授课，线下教师进行实时辅导，线上和线下有机融合互动，联动“虚拟课堂”与真实课堂，打破了时空限制，将传统的以教师为中心的授课型课堂，转变为以学生为中心的师生、生生互动型课堂。如工作室推出“名师助力‘职教高考’”“备战‘职教高考’”等系列直播课42节，参与人数超过15万，让学生真正“参与”到课堂中，成为学习的主人，将对知识的被动接受转变为对知识的主动探索，通过教学变革，促进学生能力共进。

2. 名师金课帮学

为了最大化发挥名师的价值，工作室推出名师金课。名师示范授课，解决学生在学习中遇到的典型问题，有效突破学习难点，提升教育教学质量。以“名师金课——《机械识图》”为例，工作室由名师领衔、组织学科带头人一起精心备课、制作上课视频，与正常教学进程同步在线上平行开课，每次课都留有答疑时间，专门用来在线和学生进行互动交流。同时，没有及时掌握知识点的学生，可以反复收看回放视频，并在留言区留下问题，工作室会进行及时反馈，名师金课成为教师开展同步教学的好助手。

3. 专题资源促学

工作室根据学科专业特点，围绕工作室特色项目建设目标和研究方向，建设系统的专题资源，实现资源共享、技术互通、教师发展的“三位一体”。以“劳有‘36技’”精品资源建设为例，该课程以“劳动教育实践”为主题，突出“做中学、学中做”的教育理念，以学生在日常生活中会遇到的常见问题作为情境导入，通过师生的互动操作完成任务展示真实的劳动过

程，布置线下的打卡任务，请家长一起参与打卡任务的评价，增强亲子关系，真正落实“三全育人”。

（三）“双向”互通，开展深度研修，为教师的“研”增质

1. 线上线下互研

“线上+线下”的研修方式可以突破时间、空间的限制，让尽可能多的成员参与研修活动中。工作室充分利用之江汇“名师网络工作室”平台，通过“名师面对面”“线下研讨+线上直播”等方式开展主题研讨，线上线下互动交流。如进行关于“‘课程思政’背景下的机械专业课堂教学”研讨主题研修活动期间，因特殊情况，预定的线下研修活动无法如期正常开展，工作室将活动形式改为授课教师线下上课、听课教师线上点评，在视频会议中对于主题进行了更深入的探讨，取得了很好的教研效果，也为教学研提供了新思路。

2. 城市乡村帮研

“城市+农村”的研修方式可以均衡地域、发展的差异，让尽可能多的资源共享到研修活动中。一是送教下乡，精准帮扶。如走进结对乡村学校龙游县职业技术学校的“聚焦‘职教高考’展示智慧课堂”主题教研活动，两位基地学校教师针对“职教高考”机械专业理论考试科目《机械识图》，以同课异构的方式进行公开课展示，工作室成员议课、导师点评。二是带徒回校，指导打磨。为提升结对乡村学校教师的专业能力，工作室安排将需要参加各项比赛、展示的教师带回实体工作室，通过教学观摩、课堂评价、教学示范等方式提供有针对性的指导，并解答教师在教学过程中的疑问。如组织准备参加由教育部职业教育发展中心主办的2023年中等职业学校工科类教师教学设计与展示交流活动的7位教师进行说课展示指导，导师对教学设计“把脉问诊”，使参赛教师在教学重难点的把握、教学活动的设计、教学亮点的展示等方面得到了提升，最后6位教师获评“典型案例展示者”（一等奖），1位教师获得“优秀案例展示者”（二等奖）。三是汇集精英，优质共享。工

作室以学科带头人和骨干成员为核心力量，汇集多校的精英团队，开发精品资源、出版教材。如针对“职教高考”出版《机械理论复习“典中点”》，面向中小学创新创意出版《人人都是小创客系列丛书》及配套操作视频、课件等资源。优质的资源在工作室平台上开放共享，为薄弱地区的教师提供了备课、上课、复习的素材。

3. 订单自选促研

“共性+个性”的研修方式可以满足团队、个体的需求，让尽可能多的共性化、个性化主题渗透进研修活动中。选取教育教学中的热点、焦点作为研修活动主题，如“中职机械混合式教学的实践探索”“如何有效利用MOOC资源提高课堂教学效果”等主题研修活动，针对教学中普遍存在的问题，满足教师的需求。选取个体在教育教学中遇到的问题、困惑，开展线上主题论坛及个人观点微分享，如“聚焦职教高考机械专业理论之‘识图’专题研讨”、余挺挺老师“感怀祖国繁荣强大——《我和我的祖国》镜头语言分析”课例分享等。

二、共富共享共生：打造教师共同体新样态

教育共富、资源共享、团队共生是工作室建设的三大核心内容。工作室在招收成员时秉持“立足一线，倾斜乡村”的原则，目的就是解决一线教师，尤其是乡村薄弱地区教师的教学实际问题，为乡村振兴、教育共富提供范式。工作室在建设资源时以“主题化”“模块化”为特色，确保教学资源建设的进度和质量，为教学创新、自主学习提供助力。工作室采用“1（名师工作室负责人）+15（学科带头人）+X（骨干成员）+N（网络成员）”四级联动机制，形成富有特色的“四力”共同体，即有学习力、成长力、创新力、影响力的教师共同体。

（一）实现教育共富，让师生“有底气”

工作室携手薄弱地区乡村学校，定期开展各种形式的帮扶送教活动，

乡村学校的青年教师借助网络的跨时空特性与“名师面对面”，学习借鉴名师的优秀经验，参与在线的同伴交流协作，凝练提升教学智慧、专业技能和教研能力。多名教师在全国职业院校教学能力比赛、全国中等职业学校教师工科类教学设计与展示交流活动等评比中取得佳绩，打造了一批“金牌选手”；指导学生在全国职业院校技能比赛、浙江省中等职业学校职业能力比赛、“一带一路”金砖赛等各级各类比赛中摘金夺银，成就了一批“金牌教练”；开展国家级、省级、市级课题研究，在省级刊物上发表论文，教学成果、典型案例、论文在各级各类评比中获奖，形成了一批“科研团队”。

（二）形成资源共享，让成果“接地气”

工作室通过梳理分类、遴选优化、整合创新等措施，建设了“轻松玩转Inventor产品设计”“名师助力‘职教高考’——机械识图”等9个“主题化”资源；创设了“停课不停学”专题模块，开通“名师带你学”“名师点评”“专题资源”等资源栏目，并附以“‘停课不停学’教师教学资源包设计”“‘停课不停学’如何保证学生的学习效果”等系列线上教研活动，为广大师生提供优质的教学资源和专业指导，以支持教学和学习的需求。出品“校园‘爱迪生’”“玩转零件测绘”等20多门精品课程，每门课程都包含教学视频、教学课件、教学设计等立体化资源；出版《从新手到能手——教你玩转数控车编程与操作》《AutoCAD基础教程与实例指导》等30多本教材及配套资源。这些资源既适合学生线上自主学习与提升，又能作为教师辅助教学的优质素材。工作室建设模式和成果刊登在核心期刊《中国职业技术教育》杂志上，获评浙江省“三名工程”建设项目优秀典型案例，入选《浙江省名师网络工作室应用案例选编（第二辑）》。2022年，浙江省名师网络工作室考核获得“优秀”等级。工作室平台目前访问量330多万人次，拥有资源17000多个。

（三）促进团队共生，让团队“聚人气”

近五年来，工作室共组织开展140多次主题教研活动，名师引领和集聚效应已显成效，工作室成员从自发到自觉、从自觉到自主，教师发展的自我成长意识和潜能被唤醒。工作室的“1（名师工作室负责人）+15（学科带头人）+X（骨干成员）+N（网络成员）”四层架构中“X”和“N”的人数在不断扩大，人数增加的同时，工作室涌现了一批技能型、研究型、特色型教师，工作室成员的学习力、成长力、创新力、影响力均得到了提升。

（原文写于2024年1月）

肆

第四重

对学生成长的思考

师生“密谋”让家长“好看”的家长会

一般来说，学生都不愿意班主任往自己家里打电话。他们知道，班主任打电话基本就是告状，回家迎接他们的也总是“今夜有暴风雪”。我刚当班主任的时候，这种告状电话可没少打，多是对家长没有管教好孩子的埋怨。常常是家长在电话那头唯唯诺诺，我在电话这头居高临下。电话过后，学生家里“鸡飞狗跳”，上演“全武行”。周而复始，次数一多，家长怕接我的电话，学生对我一出事情就找家长的做法也很不满。

这样一来，我失去了最重要的盟友——家长，同时和学生的关系日趋紧张，形势岌岌可危。

其实换个角度来看问题，哪个家长不希望听到别人，尤其是教师对自己孩子的表扬呢？职高的学生，从小学到初中，因为学习成绩差、行为习惯差，从教师那里受到的表扬少之又少，听到的多是告状、批评，估计听得都已经麻木了。不少家长对孩子的教育简单粗暴，打、骂、唠叨是“老三样”。对于日渐长大，处于青春叛逆期的孩子来说，这“老三样”已经没有什么教育效果。以前的孩子犯了错误，家长打他、骂他，他会老实几天。现在的孩子就不一样了，家长嗓门一大，他很可能嗓门更大，弄不好还离家出走。到那个时候，家长和教师都很被动。

有一次去观摩公开课，其中一个小细节我记忆犹新。在需要学生回答问题的时候，那位女教师总是弯下腰，把话筒递到学生面前。当教师躬下身请学生回答时，我不知道还有怎样的学生会拒绝！当教师帮学生拿着话筒，带着赏识的目光，微笑着倾听时，我在学生的脸上分明看到了幸福！

我开始学着把自己居高临下的姿态放低，学会倾听，学会用欣赏的眼光去发掘学生身上的闪光点，试着走入学生的内心世界，聆听他们成长的声音。

我也学着善待学生的每一次表达，耐心听学生把问题说完，细心收藏他们的点滴进步。这份情感、这份态度开始慢慢地感染学生，无声地传递着我对他们的爱。师生之间的障碍与隔阂开始破冰消融。学生愿意向我敞开心扉，诉说他们的心事。我也会通过QQ、博客和学生交流自己对于人生、情感的一些小感悟。有一次在外地开会的时候遇到一位同行，她说："做你的学生肯定很幸福！"我一开始不解她为何有这样的感叹，细问之下得知，她经常看我的博客和QQ空间，看到学生和我的文字交流，有感于我们之间融洽和谐的关系才发出这样的感慨。

现在，我的学生特别喜欢看我给他们写的评语，觉得我写的评语特别传神，把名字隐去在班级里面一念，大家马上就能猜出是谁。所以一到写评语的时间，尤其是几个调皮的学生，就候在一边，数着我给他写了几条优点。有时候他们都不好意思地说："老师，你怎么记性这么好，我干过的鸡毛蒜皮大的好事你都记得这么清楚！"我很少直接写缺点，如果有不足，那就化作期望，期望他在接下来的时间里能够将不足变成另一条优点。

现在我和家长交流，不再是"无事不登三宝殿"。更多的时候，是打个电话过去，向家长汇报一下最近孩子的进步、取得的成绩。虽然我没有看到电话那头家长的表情，但是通过声音，我想家长们脸上肯定是掩藏不住的笑意和欣慰。

以前家长会前夕，总能接到不少家长的请假电话。也许"忙"只是借口，更多的是不愿在家长会上被班主任"讨伐"，或者对自己的孩子不抱什么希望，觉得来不来都无所谓。家长会不应该是教师的诉苦大会、学生的噩梦大会。于是，我和学生们经过精心的策划，将家长会变成才艺、技能、成绩展示会。现在，每次家长会教室里面都坐得满满的。家长们摸着孩子们加工的精美工艺品，欣赏着孩子们创作编排的诗歌朗诵，看着孩子们用电脑制作的感恩卡……掌声一直没有断过。轮到我这个班主任发言的时候，我不需要再刻意地去表扬什么、赞美什么，因为学生们已经用他们的表现证明：他们是最棒的！

（原载《浙江教育报》2017年5月5日）

总有那么一天

小C原先是06创新实验班的学生，什么叫作创新实验班？这是一个特定时期的特殊产物，因为城区的家长还是希望孩子能够上普通高中将来考大学，所以职高招生面临很大的困境，为了和民办高中抢一些上普通高中分不够、上职高分富裕的这批学生，我们就在职高开设创新实验班，上普通高中的课程，将来参加高考。小C就是其中一员，由于他一直稳定在班级后三名，在高一第一学期的期末考试以后，他意料之中地被淘汰后进入我的班级。中考的失利、创新班的淘汰，接二连三的打击几乎要把小C瘦弱的肩膀压垮。他坐在班级的角落里，不声不响，如果你不刻意去注意他，他几乎就没有什么存在感。

我翻开他的档案，他的中考分数比我们班的最高分要高出几十分，但是他现在的心灵已经被考试的失利、父母的责备、教师的轻视折磨得异常脆弱、敏感。我不知道自己这算是捡到了一块宝，还是接到了一块烫手山芋。

和小C的第一次谈话进行得并不太理想，他的沉默让我的“单口相声”进行得异常艰难。他只是偶尔抬头，飞快地看我一眼，当我的眼神一和他对上，他即犹如受惊的小鹿一样，马上又把头低下去。这是一个多么敏感的孩子，看来我的心灵抚慰之旅是“路漫漫其修远兮”了。人那脆弱的生命，有时也许并不需要炽热的阳光，可能只是需要那一缕阳光的温煦，就足以令一个脆弱而寂寞的心灵得以抚慰。

"老师真心地希望你能够快乐！"我的最后一句话让他的头终于抬了起来，也许从来没有一个教师和他说过"快乐"，在他的世界里只有分数和压力，快乐离他真的很遥远。他的眼神有些忧郁，但是很清澈，这一定是个有灵气的孩子，我相信自己的判断。

我们班的活泼分子在我的授意下，打篮球、踢足球等活动总是叫上他一起，很快他就融入了班集体中。在平时的专业课教学中，我有意多给他发言、动手操作的机会。渐渐地，越来越多的笑容出现在他的脸上，他妈妈打电话给我，说自己的儿子变得开朗很多，很喜欢他的新班级，很喜欢班主任教师。

当实训指导教师跟我提起小C的数控知识领悟力很强，要把他吸收进校数控技能集训队时，我感觉到这是小C重拾自信、展翅高飞的契机。在枯燥的数控操作训练中，小C像只忙碌的小蜜蜂，不停地训练、汲取知识，功夫不负有心人，他一举获得了宁波市中职学生数控技能比赛一等奖，同时获得全国职业院校技能比赛的入场券，将要去天津为宁波市争光。

紧张的技能集训已经到了停课阶段，我有一段时间没有看到小C了，有一次吃饭的时候我遇到了他的实训指导教师，就和他聊起小C的情况，没想到小C的情况不容乐观。起初是承受不了一日复一日高强度的训练，小C在烦躁中日渐倦怠，好几次顶撞教师，要自以为是地按照他的工艺安排进行加工，然后在大市的集训中，和兄弟学校的几次PK成绩都不理想，让他打起了退堂鼓，已经好几次训练请假，说是身体不舒服。再这样下去有可能被取消参赛资格，由其他学校的学生顶上。

我在实训车间找到了小C，貌似很随意地说："老师路过，顺便来看看你。"尽管我的这个谎撒得并不高明，这路顺得也太曲折了，但是看得出来他还是挺感动的，感动于我这个班主任还想着他。我们坐在走廊的长凳上聊天。"这段时间怎么样？"我的一句问话引来了小C的一顿诉苦。小C哭着说："老师，我真的受不了了，每天一睁眼就是数控机床，连睡觉的时候，我的耳边都是数控机床的轰鸣声，我快发神经了！”这是一个特殊的孩子。从小到大，他一直习惯于被冷落和轻视，面对突如其来的关注和宠爱，一时变得忘乎所以。而扪心自问，我们的教育有时候是不是太过于功利？我们对他的关注是否真正出于爱和关心，抑或是掺杂着功利的期待呢？是的，我们太急迫地期望竞赛获奖，期望我们的教育立竿见影。对于学生成长过程中出现的问题，诸如叛逆、惰性、不负责任，我们有些操之过急，殊不知，他的肩膀能不能承受住压力。

“老师也有过你那样的心情，那时候去参加比赛，一个人备课到深夜，别人能舒舒服服地睡个安稳觉，我却还要辛辛苦苦地准备比赛，我好几次都想着甩手不干了，谁爱比谁比去！”

“王老师，那后来呢？”

“后来，擦干眼泪咬牙坚持呀，其实比赛很多时候不是和别人在比，而是和自己在比，过得了自己这一关，还有什么搞不定的？走，我们今天不训练了，老师帮你请假，我们去放松一下！”

我拉着小C来到学校附近的游戏机厅，小C顿时傻眼了，班主任居然和他一起到游戏机厅打游戏。“怎么？不会玩吗？”我主动向他发起了挑战，小C这才进入状态，我是玩真格的。我们一起玩飞车、拳击、枪战，把那里经典的街机游戏统统玩了一遍。当我们从游戏机厅出来的时候，手很累，心却都轻松了。

我还记得去年教师节小C的妈妈来看我，说着说着就激动得哭了起来，她哭着拉着我的手说：“从孩子上职高以后，我就在亲戚朋友那里抬不起头，每次别人一说起孩子的话题我就恨不得钻地洞，现在他成了华中数控的正式员工，还受到单位领导的器重，手底下带了好几个大学生，我的腰板总算能挺直了！”

办公室里有一盆君子兰，我侍弄了几年依然不见花开。“是不是开不了花，不如随它去了吧？”这样的念头萦绕不去，但就在不经意间，它开出了绚丽的花朵。我突然醒悟：教育是不是也应该去掉太多的功利心，不要去想太多的结果，只要尽心尽力去做，有一天他们也会像我的花儿一样缓缓地绽放。

（原载《班主任之友》2014年第5期，有修改）

让你的不快乐成就你的快乐

先和大家分享一件真人真事，前不久有个学生急匆匆跑到教务处要求退学，他的退学理由是：万众创业忙，我要去创业。他还一脸急切地说：“老师，您要是不同意，可就是扼杀了一个比尔·盖茨！”“那你有什么创业项目？”面对我的询问，这个学生自信满满地拿出了手机，点开微信朋友圈，都是一条条产品广告，原来他在做微商。看着他高涨的创业热情，我还是忍不住给他泼了一大盆冷水：你想成为比尔·盖茨，可是你了解比尔·盖茨全部的故事吗？他天资聪颖，编程能力突出。他的妈妈玛丽·盖茨是美国全国联合劝募协会执行理事会的首名女性主席，曾与IBM的前CEO共事。强悍的编程能力、老妈的资源加持，这些都是比尔·盖茨从哈佛退学创业成功的、别人不能轻易获得的优势。同学们，千万别用没学历还能创业成功的案例来欺骗自己了。退学成功的大佬，永远是特例，因为是特例，才吸引人的眼球。

你能想到，当初退学写作成名的韩寒，会在多年后，对着媒体说后悔当年退学了吗？很多人懒得读书，就把锅甩给应试教育，殊不知素质教育也是需要吃苦的，难道不泡画室就能画出画吗？不练基本功就能跳出舞吗？那些推崇西式素质教育的人，却忘了就连特朗普的外孙女阿拉贝拉，在18个月大的时候就开始学中文。

人生万里，凡事有序，且环环相扣，什么时候该上学，什么时候该恋爱，什么时候该工作，什么时候该结婚生子……

在该拼命读书的时候你没有努力，就不要抱怨你在该谈恋爱的时候遇不到自己的白马王子或者白雪公主，就不要抱怨你该上班时找不到一份自己喜欢的工作。

因为，他（她）本该在大学校园里等你，而你却一直未到；你的工作机会一直在等你，而你却找不到通往它的方向。

对于十多岁的孩子而言，什么是快乐？答案是：

毫无顾忌地玩手机聊QQ，快乐！

对着电脑不眠不休地打游戏，快乐！

睡懒觉快乐，不提学习他们更快乐……

如果现在以“快乐”为名，那么以后付出的代价就太惨痛了。

当以后看着你的同学个个事业有成你却毫无建树时，你会快乐吗？

当以后看着他们个个过上自己想过的生活而自己的生活却一塌糊涂时，你会快乐吗？

……

我们中的大多数，必须靠千般努力万般辛苦才能为自己赚来一个美好前途。如果不想好好学习，就别做天天向上的美梦。

从一个人的漫长人生来看，学习不是兴趣，而是必须承担的责任和履行的使命。

所以，同学们，请不要拿快乐跟家长、教师谈判。

小时候的快乐，如果膨胀为长大后数百倍的不快乐，你还会愿意为它买单吗？

你口口声声要捍卫的快乐，其实不过是一时的享乐。

对于学生而言，真正的快乐，都深沉厚重，会激发你积极上进，促进你的心智成长。

比如你能代表学校参加比赛，你能在技能比赛中站上领奖台，你能获得奖学金，你能收到大学的录取通知书……

如果不曾经历这些，你便不会知道，真正的快乐，会让人热泪盈眶，因为它饱含着你的努力和汗水，深藏着你的坚持和毅力。

同学们，为了你将来更广阔的自由，老师和你的爸爸妈妈宁愿你现在不自由；为了你将来更广博的快乐，老师和你的爸爸妈妈宁愿你现在不快乐。

那个想退学去创业的学生最终被我劝回去了，一时获得蝇头小利的快乐不值得他拿前途去换。同学们，你们的不快乐先从认真投入学习开始吧，让你的不快乐成就你的快乐！

（原载《职业教育》2018年第25期）

存　在

当班主任也好，当任课教师也罢，印象深刻的无非是两类同学：第一类是各方面表现都很好的学生；第二类是成绩、行为规范都存在着诸多问题的学生。而班级里面还有第三类学生，他们成绩表现不突出，也没有什么违纪的事情让你操心，就默默地待在教室的某一角落，几乎没有什么存在感。我们愿意为第一类学生付出心血，因为他们的优异表现会让我们有成就感，他们能够在各级各类比赛上为班级增光添彩，他们能让我们在写总结的时候大书特书一番。我们愿意为第二类学生劳心劳力，因为他们身上的问题能成为我们很好的研究案例，他们的转变进步会让我们特别喜悦。只有第三类学生，我们很少在他们身上投注目光，有时候可能连他们的名字都记不起来。

我还记得自己和后进生谈话的时候，使用频率最高的一句话是："老师找你谈话，说明老师还在关注你，你还有得救，等到哪一天老师不理你了，你就惨了！"这句话背后的意思实际上是得到老师的关注是一件很重要的事情，对于学生而言，最悲催的事情就是被老师忽视。可是一对多的现状，让老师无暇顾及所有的学生，所以自然而然那些两头的学生就优先受到关注，而中间的那些学生就被忽视了。

仔细回忆一下我现在任教的两个班级，我认为自己不是一个唯成绩论的老师，尽量做到一视同仁。我会注意到平时表现不好的学生上课有没有认真听课，会注意到成绩基础好的学生还有哪些疑问，但是对于那些默默坐在位置上不发言、不睡觉、不捣乱的学生，我居然没有什么印象，甚至这些学生中的某个名字对应哪张脸都有些模糊。

其实每个学生都是渴望被老师关注的。还记得刚任教某个班级时，我偶尔记住了一个学生的名字，有一次在走廊里遇见，他向我问好，我叫出了他的名字，他当时非常惊讶，整个人定在那里，一脸不可置信地说：“王老师，才上了一次课，您居然认识我？”“你是我在这个班级认识的第一个学生哦！好好加油！”他激动地点着头。后来，在我的课上，他总是表现得很积极，认真听课，抢着回答问题，作业按时上交，我也经常表扬他、肯定他。我一直以为他是传统意义上的好学生，直到有一次和他的班主任聊天说起他，他的班主任很奇怪，他其他科目基本上都很差，我这门课表现如此好，还问我有什么特别的方法。也许是我无意中的关注让他有此表现，除此以外我想不出其他原因，这是不是也算“皮格马利翁效应”呢？这只是一个个例，还有许多被我们忽视的学生就这样默默无闻地从我们眼前飘过，没有留下一丝痕迹。如果我们当初能够多投一丝关注的目光给他们，让他们感觉到自己存在的价值，也许他们的人生会有所不同。

关注优秀学生、关注问题学生也许每个老师都能做到，关注每个角落的每个学生，尤其是那些经常被忽视的学生才是对老师的考验，也只有那样，老师的责任和爱才能体现得淋漓尽致。

（原载《浙江教育科学》2015年第2期）

亮点与点亮

我现在在教的一个班级是全校公认的学习基础差、学习态度差的班级，按照学生自己的话讲："我们班只有两个老师是愿意进教室来的，一个是班主任，一个就是您了。"听了这话，我心情很复杂，很荣幸能成为他们口中的1/2，但是眼看着这些花样少年渐渐沉沦，作为一名任课老师，我觉得自己应该要做点什么。

我在他们班是上"工业产品设计概论"，一周2节课。原先没有这门课程，安排的是一周6节的高等数学课，合作的大学任课教师一听说是这样的班级，好说歹说只同意一周上4节课，多出来的2节课实在没有教师愿意接手，那就只有我去顶缺了。

虽然只有2节课，但我还是花了很多时间找了很多资料，想为他们注入一些创新创意的活泉。我对期中考试的方式也做了大胆的改变，先让每一位学生用彩笔画出自己的创意，并用简单的文字说明。然后我将学生的作品拍摄下来做成图片，请学生上来介绍他的设计思路。原本心里有些担心，担心学生设计出来的东西会惨不忍睹，但是在展示过程中，学生给了我太多的惊喜。多功能可爱熊、雷电转换器、可视班牌等，看着学生在讲台上侃侃而谈，我的内心涌动出莫名的感动。

还记得有一次听一位专家的讲座，他在讲座的一开始打出了一张中间有一个小黑点的幻灯片，问我们大家看到了什么，很多人都回答："看到了一个小黑点。”我就在想，这么大块白色的屏幕，为什么大家没有看到一块白色的屏幕，偏偏注意到的是一个小黑点呢？这也许就是一种惯性思维。那我们教师和学生在相处过程中是不是也带有这种惯性思维呢？尤其是在职业学校，我们教师通常都会认为这些学生都是不爱学习的、都是学习基础很差的、是九年制义务教育的“失败者”，如果我们一开始就给学生们贴上了这个标签，那接下来的师生相处就可想而知了，我们像消防员一样地随时防着学生出现违纪的事情，我们对他们的学习要求一降再降，学生对自己的要求也会一低再低。

对于一个学生，教师应该先看到他身上的亮点，及时地用“亮点”去“点亮”学生，而且要不断引导学生去关注自己，发现自己身上的“亮点”，学会欣赏自己，“点亮”自己的人生。一时找不到亮点没有关系，用放大镜找，还是找不到那就用显微镜找。任何学生都有被其他人发现的亮点，尤其是那些平时表现相对较差的学生，知道自己还有亮点被教师和同学看到，就会改变对自己的看法，往往会产生意想不到的效果。

（原载《浙江教育科学》2015年第2期）

我只是一只纸老虎

1999年9月1日，我穿着职业套装紧张又激动地站在宁波市职业技术教育中心学校的99数控技术班教室门口，迎接我的第一批学生，从那一刻起，我就光荣地当上了这个世界上最小的“主任”——班主任。

尽管从年龄上来说，我只比我的学生大了六七岁，但是我努力通过严肃的面部表情和职业化的着装，让自己看起来更成熟一些。有资深班主任早就对我面授机宜：初当班主任一定要凶！先当后妈，再当亲妈！可怜的我连恋爱都没有谈过，怎么找当后妈的感觉？那就只好先“凶”起来，绷着脸训斥学生，用凶狠的语气讲话，坚决不给笑脸，把“严肃”“紧张”贯彻始终。

新手上路的我，教学和班级管理都没有经验，凭着一腔热血，尽自己最大的努力去工作，时时总要求完美，事事总想争第一。运动会、歌咏比赛、卫生评比，我都很在乎，我总盯着每件事的结果，会为了每一次班级取得优胜而欢欣雀跃，如果我做得比别人差，我就会狠狠地责备自己，不管是不是自己的责任。我当时太需要用一种成功来鼓励自己。那个时候，我早上7点多上班，晚上六七点才回家，中午我需要改作业，找学生谈心……周末，我认真备课，把接下来一周的课全部备完。几乎所有的时间都被我用在工作上，整个人就像一个高速运转的陀螺。就是这样超负荷地工作，我竟然没有疲惫的感觉。我投入，我充实，我感觉时间过得飞快，以至来不及品尝它的滋味。

可是，快乐的时光总是短暂的。孩子们渐渐展露出来的顽皮让我手足无措，教室里开始状况不断，一样样的荣誉也与班级擦肩而过。为什么我付出了所有的爱心，可得到的却是这样的回报？我陷入了苦恼和无措中，但是更大的危机还在后面。

有一天上午我正在上课，班委小Y急匆匆跑来找我："王老师，不好了，我们班同学罢课了！"我一下子犹如被晴天霹雳当头劈下，整个人呆愣愣地站在原地，半晌都没有说出一句话来。小Y说完以后，看我半天没有反应也急了，赶紧拉住我的手使劲摇了起来："王老师，怎么办？怎么办呀？"天知道怎么办，从来没有遇到过这种事情，也没有听说我们学校建校以来出过这种事情，这算是创纪录了。等我回过神来，马上找来上课班的班主任，拜托他管理一下课堂，赶紧和小Y一起赶回自己的教室。在路上，我先简单地了解了一下事情的经过：因为专业师资匮乏，本学期学校请了一位已经退休的老教师来给我们班上专业课，老教师的普通话不太标准，口音比较重，班级学生听着有些费劲，学生早就有不满的情绪。结果今天老教师因为小H听课不认真，在课堂上毫不留情地批评了小H。小H性格比较容易冲动，在班级里面又有一定的号召力，在他的策划煽动下，第二节课的时候，一部分学生离开教室去找校长反映问题，要求更换上课教师，造成了罢课的局面。

等我满头大汗地跑回教室，发现教务处领导、政教处领导都已经在教室里了，去找校长的学生因为校长出差去了，也已经回到教室，我看到的就是满满一屋子的人。领导们讲完话就先回去了，临走让我和学生好好"交流"一下，看我的那一个个眼神中包含的深意，让我顿感"鸭梨山大"。

这么多天来的压力一下子都向我涌来，今天的事情犹如最后一根稻草，把我好不容易做出来的坚强面具压得粉碎。我拖着如同灌了水泥的两条腿，走到讲台上，还没有开口，眼泪就夺眶而出，我的嗓子像被什么东西给堵住了，一句话都说不出来，我没有去看始作俑者小H，我谁都没有去看，我就这么一个人站在讲台上低着头任凭泪水肆无忌惮地流淌，在那个时候，我什么都不想了，不想我的形象，不想故作镇定，只想痛痛快快地哭一场。我发现我真的只是一只纸老虎，也许我的学生早就看穿了，不然他们也不会闹出这么一场来。

不知道过了多久，有学生悄悄地递给我纸巾，我也哭累了，哭过以后觉得压力轻了很多，但是一股深深的疲倦感袭上心头，我感觉自己真的累了，不单单是身体上的，更多的是心累。我朝全班同学挥了挥手，什么都没有说，独自走回办公室，我只想一个人静一静。在那一刻，一种力不从心的无力感让我第一次对自己能不能当好一个班主任产生了怀疑，学生已经知道我只是一只纸老虎，以前苦心经营起来的“凶”形象也在今天的泪水中全毁了，我真的不知道今后我该怎么来面对我的学生。

下午，我在自己班有两节课，在去上课的路上，我第一次害怕进自己的教室，当我硬着头皮走上讲台时，惊讶地发现全班同学都站了起来，他们齐声说：“王老师，我们错了，请您原谅我们！”我的眼睛一下子又有点热了，赶紧把自己的头仰起45度，稍微平静了一下以后，才用故作镇定的声音说：“上课！”

罢课的事情就这么过去了，事后也没有一个领导来为难我，我没有离开可爱的学生们，只是越来越多地卸下严肃紧张的面具，既然当不像后妈就不当了。我的学生们还是一群善良单纯的孩子，也许我的泪水让他们心软了，在以后的日子里，他们都没有为难我，而是比以前更加团结、更听我的话了。

在与学生依依不舍的泪水中，我送走了我的第一届学生。我仅仅是凭本能在带班级，完全是摸着石头过河，我开始认真反思自身的不足，因为年轻，难免犯错。如果说工作上有失误，最大的失误不在于我们对待工作的热忱，也不在于我们的能力，而在于我们的心态：过于在意别人的评价，过于关注努力的结果，过于急切地期望成功。是的，年轻时我们太需要用一种成功来鼓励自己，使得我们操之过急和急功近利。好在，现在明白这个道理还不算太晚，我们有足够的时间让自己的心灵成长。

（原载《职业教育》2014年第1期，有修改）

树叶上跳荡的阳光

午后，明丽的阳光洒落在窗外葱郁的树叶上，微风浮动，阳光像精灵一般在树叶上跳荡着，让人眼前浮光点点。接到小K的电话，他告诉我自己换了一个新单位，开始做家装设计，然后他愉快地聊起了他的设计师工作，我们一起回忆共同走过的快乐生活，心情也随着阳光跳跃、飞扬。

2006年，完成为人母的角色后，我重出江湖接手新班，仔细研究新生档案是我的必备功课，从头翻到尾，没有一个学生在初中阶段当过班委，最大的职务是课代表。想想也正常，这些孩子在初中的时候肯定是不受待见的，除了一些调皮捣蛋惹老师头疼的，基本就属于被遗忘在角落的。档案上贴的照片不会说话，一张张微笑的脸，看起来都那么青春可爱，看来我要在军训的时候，再进一步观察他们了，希望能在里面挑出我的得力助手。

8月的滕头村军训基地像一个大烤炉，太阳不遗余力地挥洒着它的光和热，学生在这样的烘烤下进行军训，对于体力无疑是一个很大的考验。要说现在的孩子的确都是在温室里面长大的，军训第一天就有好几个中暑的，我成了“卫生员”，一趟趟把中暑的学生扶到阴凉的地方，给他们灌水，喝藿香正气水，搞得我手忙脚乱。教官一看这情形，及时调整了训练战略，错开高温时间，增加休息时间。十几分钟的休息时间成了每一个学生最盼望的时刻，教官的一声“解散”对他们而言犹如天籁之音。

小K就是在这个时候引起了我的注意，其他的学生一听到“解散”就赶紧找个阴凉地方一屁股坐下来休息，而有一位长得很壮实的学生却还在认真地帮助班级里一位走路同手同脚的学生纠正动作，一遍又一遍，没有一点不耐烦，他就是小K。晚上我特意在宿舍里面查看了他的档案：小K，中考分数位于班级中下游，初中没有担任过任何职务，初中班主任给他的评语中有一句“该同学热心帮助他人，具有很强的集体荣誉感”。我有了一个大胆的想法：让小K当班长。接下来的几天军训时间，我开始注意观察小K。他性格有点内向，话不多，不过只要有同学找他帮忙，他都很热情，打得一手好篮球，短短几天就在班级里收获了好人缘。

当我宣布由小K担任临时班长时，回应我的是一阵热烈的掌声。初当班长，难免手忙脚乱，小K又是一个内向不善交流的人，很多事情我手把手教他，慢慢鼓励他，不断给他机会尝试，当他终于可以从容地站在讲台上组织班会活动时，我为自己当初的决定而感到欣慰。

在我查看小K的档案时，我就知道他是单亲家庭的孩子，父亲在他读小学的时候因病去世，他的母亲一人挑起了家庭的重担，一个人要打两份工，很辛苦也很忙碌，因此对于小K的学业实在没有精力关注。小K的学习成绩不是很理想，进入高中以后，学习基础的薄弱，让他的文化课成绩经常在及格的边缘徘徊。成绩的不理想让他很苦闷，工作积极性也受到了打击。有好几次，他都向我提出辞去班长职务，他觉得自己成绩不太好，不能给班级同学起到带头作用，做班长有些不合适。小K的朴实让我感动，我越发觉得他是一个难得的好孩子。我开始寻找突破点，寻找让他破茧成蝶的契机。

小K没有让我等太久，专业基础课程一开始，他出色的空间想象能力便给了我很大的惊喜。越来越多的同学围在他身边向他请教学习上的问题，他的自信又渐渐回来了。

本着“肥水不流外人田”的宗旨，我把他吸收进我亲自带的校CAD技能集训队。在集训队里面小K的技术不是最好的，悟性也不是最高的，但他是最刻苦的。在宁波市CAD技能比赛时，他的技能水平在集训队只处于中游，连参赛资格都没有。但是作为备胎，他始终没有放弃，一直都像第一天一样认真地完成每一次练习。在我的不断鼓励之下，他的竞技状态越来越好，在省赛报名截止前，我顶住压力在报名表上写上了他的名字。在浙江省第三届学生CAD技能比赛中，小K站在了最高领奖台上，一举夺得金牌。从赛场上出来的时候，小K很兴奋地告诉我："王老师，这是我发挥得最好的一次哦，我都做完了！我居然都做完了！"全然没有以往的从容和淡定，那一刻，我发觉原来他也只是一个17岁的大男孩。

在06华中数控班成立的时候，小K再一次担任新班的班长。在06华中数控班全班奔赴武汉进修学习，而我提前从武汉回宁波的日子里，他俨然成了我的化身，和班委一起配合驻地教师把班级管理得井井有条。看着他按时发给我的进修期间的照片，听着他有条有理地汇报班级情况，我觉得自己这个班主任可以放心地退居二线了。由于他各方面的出色表现获得了学校的肯定，被光荣地评为2007学年浙江省三好学生。

在实习前他已经取得三维CAD、AutoCAD国家认证证书、数控车中级工证书。实习期间，他在上海某数控公司从事经理助理的岗位，因为不放心母亲一个人在宁波，实习结束以后，他婉拒了公司的挽留回到了宁波。

我看着小K一步一个脚印走来，他常常说我是他的伯乐，如果没有我对他的赏识，他也就是一个默默无闻的普通学生，不可能有机会当班长，也就没有现在的自信。也有很多班主任羡慕我，总能找到这么好的班干部。其实，千里马和伯乐是相互成就的，每一个孩子都有成为千里马的潜质，关键在于我们能否成为一名好的伯乐，去发现他的潜能，激发他的潜能，从而成就他的卓越。

教育家夸美纽斯曾说："在我们的果园里面，我们不独喜欢果子结得早的树木，同时也喜欢果子结得迟的树木……我们应该模仿天上的太阳，它把光、热与生气给予整个世界，使凡是能够生存、能够兴旺和能够发荣的东西都可以生存、兴旺和发荣。"

（原载《打造全能型职校教师：讲述一名职校名师的成长故事》，北京交通大学出版社2019年版，第69—71页，有修改）

朽木亦可雕

一个阳光灿烂的午后，这个大男孩大大咧咧地走到我面前，紧身黑衬衣、凉拖鞋，黄黄的头发挡住了半边脸，在阳光的照射下还泛着金光，一看就是个天不怕地不怕的“刺头”，这身装扮就严重违反了校纪校规。我心里清楚，如果我不把这个“堡垒”攻克，那今后我的班级管理将举步维艰。我递给他一本《学生手册》，让他把学校关于仪容仪表的要求好好看看。

“明天你把头发恢复成黑色，剪短，前面刘海不能过眉毛，旁边不留鬓发，后面头发不能碰到领口，不能穿拖鞋到学校。”我直接提了对他仪容仪表的要求，他不置可否地走了。我有预感，这小子乖乖听话的可能性不大。

果然，第二天他发型变了，把黄头发都吹成了鸡冠头，根根直竖，也不知道打了多少发胶。

“老师，您看，我的头发前面刘海没有过眉毛，旁边没有鬓发，后面头发没有碰到领口，符合要求了吧？”他还一边嬉皮笑脸地向我表功。“那头发颜色怎么回事呀？”我故意对他的鸡冠头熟视无睹，指着他的一头黄毛质疑。

“老师，我们家天生黄头发，这个没有办法，您对我们不能歧视！”他还一脸委屈地喊起冤来。

我凑近他的头发仔细观察，好几撮头发的发根是黑的，还天生黄头发，真是睁眼说瞎话，我迅速地从他的黄头发中拔下来一根发根明显为黑色的头发，递到他面前：“这是怎么回事呀？天生黄头发？”他的脸红了红，不声不响地走了。

第三天，他顶着一个黑黄相间的公鸡头来到我的办公室，远远一看，还真的挺像一只公鸡的。他站在我对面，一脸愤愤不平，1.7米的个子，挺着胸脯俯视我。我安排他坐下，自己则站了起来，俯视着他，什么话都没有说，从气势上秒杀他，他的气焰慢慢地越来越低，两分钟过去了，他的头终于低下去了。

憋了好久，他冒出一句话：“老师，你是不是故意跟我过不去呀？”

“什么意思？”

“我以前读初中的时候，就这个造型，老师也没说什么，现在你三番五次和我的头发过不去，我都花了100多元钱了，你还是不满意，不是故意整我，那是什么？”

“以前你怎么样，我不发表意见。但是现在你来到我们学校，来到我们这个班，我就要好好管管你，你看看你的那个公鸡头，黑黑黄黄的，像不像公鸡毛？你觉得这个好看？”我把镜子递给他，让他自己好好欣赏一下，“你说我故意和你过不去，你看看周围的同学，我哪个不是一样的要求？”他拿着镜子，自己都忍不住脸红了。

后来我了解到，这孩子的父母长期感情不和，在家里天天吵架，一天一小吵，三天一大吵，父母一吵架他就跑出来不愿意回家，初中的时候认识了几个“小混混”，整天和这些人厮混，抽烟喝酒打架的事情一点都没少干，父母只管吵架闹离婚也没有精力去管他，他就如一匹脱缰的野马越走越远。我最初期望他能够敬畏规则，而他心里记住的是自己认同的“游戏规则”。所以纪律是不能深入他的内心的，他的心中最多只有“畏惧”而不会生长出“敬重”的。

对于一个积垢深重的人来说，一两次谈话是难以伤筋动骨的，所以，他的更多问题还是必然地暴露了：他与外班同学起冲突，上课蒙头大睡……那些日子里，我几乎成了他的专职“灭火队员”。班级同学对他都有些排斥，觉得他总是给班级抹黑，在一次次的沟通交流没有什么明显成效后，我们彼此都有些累了。他在日记里面写过这样的文字：“我感觉自己就像一块朽木在慢慢地由里到外地腐烂，我不知道我的未来在哪里……”他也许真的是一块朽木了，那我还要不要花这么大的力气去雕呢？

眼看半个学期就要磕磕绊绊地过去了，但是小J带给我的“惊喜”还源源不断地在后面等着我。

期中考试前的一个晚上，我接到宿舍管理员的电话，说小J在宿舍的厕所里面抽烟，当场人赃并获。接到电话以后，我一夜未眠，一直在想着怎么处理这件事情。

第二天，小J神色憔悴地来到我的办公室，看起来晚上也是没有睡好，我给他也倒了一杯绿茶，“来，喝杯茶提提神”。他看着我的眼神明显有些发愣，可能和他的预期相差太多，原来预想中的暴风骤雨忽然变成春风化雨，心理上一下子有点转不过来。

“说说吧，不是答应我戒烟了吗，怎么又抽上了？”我用尽量柔和的语气和他交流，我知道这孩子肯定是遇到什么事情了，这两天看起来就有点不大对劲，我刚好有点事情要忙，想着等处理完手头的事情再找他，结果就出事情了。

小J慢慢地整个人软了，顺着墙角蹲在地上，然后开始流泪，继而号啕大哭，哭得天昏地暗。他哭了整整十几分钟，把一整包抽纸都用完了。

原来，他的父母这次真的上法院离婚了，但是他们谁都不想要他的抚养权，都嫌他是拖累。“他们都不要我！那为什么还要把我生出来呀？”他像一只受伤的小兽，孤独地抱着膝，蹲在墙角喃喃自语。

幸福的家庭都是相似的，不幸的家庭各有各的不幸。人无法选择自己的出身和父母，我感到了深深的无力感。家庭教育的严重缺失让小J这样的孩子感受不到家庭的温暖，才导致行为出现偏差，我们教师能为他做什么呢？尽管我知道自己不是法官，也充当不了什么救世主，但是我还是分别拨打了小J父母的电话，想和他们好好交流一下。

小J的父亲是一个出租车司机，他一直和我抱怨小J的母亲，说她不守妇道，三天两头不在家，在外面给他戴绿帽子。小J的母亲一离家出走，他就开着出租车满大街找，找回来以后接着吵架，再离家出走，再开车找……周而复始，现在吵也吵累了，日子过不下去了，那就离婚吧。我问他为什么不要小J的抚养权，他的回答让我无语："不能便宜了那个女人，她带着孩子不好改嫁，我就不能让她称心如意！"

小J的母亲接到我的电话后，主动说到学校和我面谈。小J的母亲看起来有些憔悴，打扮得倒是挺时髦。她也向我倒了一肚子的苦水，说小J的父亲不信任她，老是怀疑她，还对她实施家庭暴力，说着说着她还撸起袖子让我看手臂上的伤痕。

"老师，这日子我是实在过不下去了，要不是当初想着孩子还小，我早就和他离婚了！"

"那你为什么不要小J的抚养权？你是他的妈妈呀！"

"老师，你看啊，我一个女人，还是下岗工人，养活自己都有困难，怎么养活他呀！"

"你们都不要我，我自己养活自己！"小J不知什么时候从外面冲了进来，一脸愤慨地站在我们面前。

"小J，妈妈不是不要你，妈妈有妈妈的困难。"小J的母亲也没有想到小J什么都听到了，脸上不免有些尴尬。

我先把小J劝回了教室，尽管我觉得小J的母亲真不能算是一个合格的母亲，但是毕竟我们同为母亲，心总是相通的，我和他母亲差不多谈到太阳落山，她终于答应再和小J的父亲好好沟通一下，商量小J的抚养权问题。

送走了小J的母亲，我不出意外地在办公室门口看到等了很久的小J。在我眼里，小J没有了当初的张狂，现在的他只剩下孤独、无助。我想，这可能是教育的一次重要契机。我们第一次开诚布公地交流了彼此心中的很多感受，他也感受到了我对他最大的善意，我也感受到他玩世不恭外表下一颗脆弱敏感渴望关爱的心灵。

我召开班委会，对班委说："人都有年轻轻狂的时候，人也会有回心转意的时候，集体的力量可以毁灭一个人，也可以成就一个人，我们必须给'浪子'回头的机会！现在的他特别需要我们集体带给他的温暖，你们愿意伸出你们的手，拉他一把吗？你们的力量也许可以改变他的一生！"我从学生的眼神里读出了原谅和善意。在一次午自习安排的自由讲演中，他第一次在讲台上真诚地向全班同学忏悔了他过去做过的错事，全班同学用热烈的掌声回应了他。

从那以后，他的言行举止变得有礼貌，生活学习也融入了集体。为排练高质量的诗歌朗诵节目，他一遍遍地背稿子，声音都哑了，最后我们班夺得第一名；田径运动会，他充分发挥自己的体育特长，为班级立下汗马功劳。他终于赢得了同学们的接纳和信赖。

我不禁想起了很久之前在网上读到的台湾张文亮博士那篇《牵着一只蜗牛去散步》，他是这样写的：

上帝给我一个任务，叫我牵一只蜗牛去散步。

我不能走得太快。

蜗牛已经尽力爬了，每次总是挪那么一点点……

我催它，我唬它，我责备它，蜗牛用抱歉的眼光看着我，仿佛说："人家已经尽了全力！"

我拉它，我扯它，我甚至想踢它，蜗牛受了伤，它流着汗，喘着气，往前爬……

真奇怪，为什么上帝要我牵一只蜗牛去散步？

"上帝啊！为什么？"天上一片安静。

"唉！也许上帝去抓蜗牛去了！"好吧！松手吧！

反正上帝不管了，我还管什么？

任蜗牛往前爬，我在后面生闷气。

咦？我忽然闻到花香，原来这边有个花园。

我感到微风吹来，原来夜里的风这么温柔。

慢着！我听到鸟声，我听到虫鸣。

我看到满天的星斗多亮丽。咦？

以前怎么没有这些体会？我忽然想起来，莫非是我弄错了！原来上帝是叫蜗牛牵我去散步……

慢是一种艺术，教育是一种慢的艺术，教育是细水长流的工程，不能功利心太强，一蹴而就。你只有耐心、再耐心，多观察、多思考、多交流，及时抓住教育的契机，才能更好地发现孩子的长处、优点。即使是一块朽木，只要我们有足够的耐心、爱心，也能在上面雕出美丽的图案，让它成为一件艺术品。

（原载《职业教育》2015年第1期，有修改）

罚出来的长跑冠军

“规则约束，人文关怀”，通俗来讲就是胡萝卜加大棒，是班主任带班的两大法宝，我们把它比喻为“两条腿走路”，单靠一条腿，那是有残疾，走不稳的。在班级管理中，什么时候奖励胡萝卜，什么时候抡起大棒，就得靠班主任的管理智慧了。

早晨，我来到班级教室门口，教室里已经响起了琅琅的读书声，我在窗外静静地欣赏着，觉得这样一个清晨没有比读书声更美妙的声音了。正陶醉间，一声刺耳的“报告”，让宛如天籁的读书声戛然而止。全班同学的目光“唰”的一下，聚焦在门口。

门口，小F站在那里，似笑非笑，不知道是满不在乎还是在自我解嘲。小F喊完“报告”，发现教室里面并没有教师的身影，就打算自作主张地迈步走进教室。我其实就站在他的身后，没有出声，只是冷冷地看着他。小F也许是感觉到了什么，猛然回头对上了我的眼神，如果说我的眼神是一把把飞刀，那小F的身上已经插满了飞刀。只见小F已经抬起来的一只脚悬在半空，一时竟不知道该往哪里落下。不到一秒钟的犹豫可能经过了一千次的思想斗争，结果，他的脚还是留在了门外。我的脸上流露出一丝不易察觉的笑——这就是班主任的权威。

说起小F，他是我们班的名人，尤其在迟到方面的战绩，无人能敌。我们班规定早上7点30分到教室进行早自习，他每次不到7点40分就不露面，有几次明明学生告诉我7:20就看到小F到学校门口了，他就是要吃好早饭，才晃晃悠悠地来到教室，还振振有词地说：“人是铁饭是钢，一天之计在于晨，早饭不吃影响一天的学习质量。”

说到关于本班迟到的处罚，这里要交代一下，我们班对迟到的同学到底有什么处罚规定呢？迟到，是学生常见的一种违规行为，类似于迟到，还有早退、不打扫卫生、违反课堂纪律、随便吃零食等。对于这些轻微的违纪行为，班级应该有相应的规定，没有规矩不成方圆。很多班级的班规都很笼统，而且没有可操作性，有些甚至试图用一份班规解决班级中的所有问题，这些都是我们在制定班规的时候需要注意的。对于学生常见的违纪行为，班规应该有明确而具体的处理办法，一类行为有一套处理办法，不能笼统地说“不准迟到”“不准早退”“上课不准为玩手机”之类的话，这样的“班规”是没有任何意义的。那么，一个明确具体的班规应该是什么样子的呢？我们以“迟到”为例，举一反三，讨论一下应该按照什么原则制定班规。

“迟到”的管理

认定标准：早晨7:30之前进教室，以教室里面的钟为准；上课第二遍铃声结束以后进入教室（第一遍铃声结束后进入教室不处罚，但执勤班委要提醒当事人注意）。

认定人：任课教师、保卫科（负责记录并监督执行）。

处罚标准：（以下四项可以由当事人任选一项执行）

（1）扣工资，50元/次；

（2）俯卧撑，10个/分钟×迟到时间（分钟）；

（3）为全班同学表演一个节目，需要2/3以上学生鼓掌通过；

（4）绕操场跑，300米/分钟（我们学校操场是300米一圈）×迟到时间（分钟）。

从这个管理规定可以看出，一份合理的、有可操作性的班规应该有以下特点。

第一，有明确的认定标准和认定人。认定标准应该很明确，理解起来不会产生歧义。在大量的班级里，对这些违规行为的认定和处理都是随意的，因人而异，因教师的情绪而异，我说你迟到你就迟到，这是“人治”而不是“法治”。

第二，处罚的标准是统一的，任何人违规，不论是班长还是班级里的后进生，只要迟到了，都要接受同样的处罚，这叫公正。公正，是制度的第一要义。这种约束，不仅是针对学生的，同样也是约束教师的。教师也不能随意处罚学生，不是说我今天心情好，或者迟到的是我很喜欢的学生，我就减轻处罚甚至放他一马；我今天心情不好，或者迟到的是我最讨厌的学生，我就加重处罚。规则贴在墙上，是公开的，谁都可以监督，这才是一个民主而公平的班级。规则需要经常强调、复习，要做到深入人心。至于处罚标准，是班主任和学生共同商量制定的，具体如何描述并不是最重要的，关键是大家要认可。

那么，现在我们就可以理解为什么我“眼睛一瞪”，小F就把脚缩回去了，他今天迟到了，自然要接受处罚。小F很清楚自己的情况，要是罚钱，就他这点学校补助真是不经扣，常常不到月中就赤字，还要预支下个月的学校补助；换成表演节目，就他这个人缘，要2/3以上学生鼓掌通过，难度更大。所以，毫无意外地，他每次迟到都是选择跑步。下午放学后，保卫科会派人监督执行，于是放学以后常常可以看到小F在操场上跑步的场景，一开始小F跑得有些扭捏，我为了让他不那么尴尬，以锻炼身体的名义和他一起跑，时间一长，他越跑越舒展，我是跟不上他的步伐了，而且他还引起了学校体育教师的关注：你们班这位学生看起来很勤奋，有没有兴趣加入学校田径队呀？我笑笑不去点破这个事情。

令我意想不到的事情发生了，高二的体育运动会，小F居然报了男子3000米，我看着报名表心情挺复杂，高一的时候我们班没有人报这个项目，因为这个项目消耗体力太大，而且人数多，只取前6名，费时费力不容易拿奖，我做了半天动员工作，才有两位学生本着牺牲精神参加了，结果当然是无功而返。这次我都做好了放弃的准备，没想到小F给了我这么大的一个惊喜。其实，小F的迟到已经有了明显进步，从以前的每日一跑已经渐渐成为每周一跑、每月一跑，但是自从报名参加3000米长跑比赛以后，他每天都很积极地在操场上锻炼，我有预感，这次小F肯定能出彩。

3000米长跑放在运动会最后一天举行，小F在场边进行热身时，我和班委布置好人手，在哪里递水、终点搀扶等。发令枪响了以后，我们全班的心都跟着小F的步伐跳动。一圈、两圈……五圈过后，小F的优势已经很明显了，在我们震耳欲聋的加油声中，小F以绝对优势率先冲过终点，拿到了这枚沉甸甸的金牌。

小F执意把金牌挂在我脖子上，他说："老师，您懂的！"

（原载《打造全能型职校教师：讲述一名职校名师的成长故事》，北京交通大学出版社2019年版，第75—77页，有修改）

特别的爱给特别的你

一天中午，我正在办公室备课，班级里一位同学急匆匆地跑过来，“老师，不好了！小S变成僵尸了！”我吓了一大跳，赶紧跑到教室。只见小S倒在地上，手脚僵硬，牙齿咬得咯咯响，满嘴吐着白沫，两眼紧闭，人还不时地抽搐着，样子很可怕。班级同学围在旁边，不敢靠近他，有几个胆小的学生甚至吓得躲在角落。我一看情形，像是癫痫的症状，赶紧叫学生去找校医。听老人说过，癫痫病症发作的时候，最怕病人在神志不清的情况下把自己的舌头咬断，那是要出人命的。我让学生找来一支铅笔插进他的嘴里，防止他咬舌头，然后用手使劲掐他的人中穴，掐了半天，人中穴都快让我掐紫了，他还是在继续抽搐。我只好一边用纸巾擦他嘴角和脸上的白沫，一边等校医。校医赶到了，初步判断是癫痫发作，找了几个身强力壮的学生把小S抬到校医室休息，过了有大半个小时，小S渐渐平静下来，不再抽搐，四肢也慢慢放松下来。校医让我先联系家长，让小S再休息一下。

我打电话给小S的爸爸，向他问起小S的病史，不承想，小S的父亲一口否认自己的孩子有癫痫病史，说自己儿子很正常，什么毛病也没有，是老师多虑了，没什么事情的。放下电话，我心里犯了嘀咕：明明是癫痫的症状，家长怎么会说没有这回事呢？过了没多久，小S姑姑的电话打过来了，原来小S从小就患有严重的癫痫，小学、初中的时候就发过好几次病，有时候在课堂里面发病挺可怕的，班级里面的学生都疏远他，不和他玩，老师也歧视他，把他当成不正常的孩子。小S一直在接受药物治疗，现在发病频率已经比以前少了很多，为了在新的班级不再受到歧视，家长就故意隐瞒了病史，没有想到这次又发病了。接到我的电话，小S的父亲一时心慌就撒谎了。我一听，心里一咯噔：这孩子就是一个“定时炸弹”，以后可少不了麻烦啦。

下午，小S的姑姑接他回家休息。我把班委叫到了办公室，把情况和他们全盘交代了一下，班长小Z说：“小S是我们的同学，我们应该关心、帮助他，不能歧视他，我们要倡议让全班同学都这样做！”他的话得到了班委的响应，大家七嘴八舌开始讨论如何关心小S。我看着时机很好，提议班委准备一下资料，我们利用下午最后一节活动课开个微型德育活动，主题就是：特别的爱给特别的你。

尽管因为准备时间仓促，德育活动内容不是很丰富，但是同学们真挚的情感让这次微型德育活动溢满了感动。我们认真学习了癫痫病症病发时的基本护理常识，了解到了癫痫是一种慢性疾病，躯体的痛苦、家庭的歧视、社会的偏见，严重影响患者的身心健康，患者常感到紧张、焦虑、恐惧、情绪不稳等，时刻担心再次发病。小B站起来不好意思地说：“我不应该在小S发病的时候，嘲笑他是僵尸，我错了！”好几个同学都站起来为自己在小S发病时的行为道歉。

“同学们，不知者不为过。小S患病了，他是‘特别’的，我们不能因为他的‘特别’而去歧视他，看不起他。相反，我们应该将‘特别’的爱给‘特别’的他，让他在班集体中不因为自己的‘特别’而不能快乐成长！”

小S回到班级以后，我和全班同学对于他多了一份“特别”的关心，尽量避免让他从事剧烈的体育活动；大扫除的时候，也给他安排较省力的岗位；原先老喜欢欺负他的小B成了他的保护伞……我们都希望他能够平安、顺利地度过高中三年的学校生活。

小S在我们“特别”的爱的滋润下平平安安地成长着，只在高二的时候发病过一次。在小S第二次病发的时候，我们都已经没有了第一次的慌乱，小B

更是大喊一声："让我来！"然后有条不紊地进行急救。当我表扬小B的时候，他憨憨一笑："老师，我回去还专门查电脑学习过呢，不过等了那么久才等到机会让我露一手……"说到这儿，他发现四周射来的飞刀，他意识到自己说错话了，赶紧补救，"老师，我不是盼着小S发病，我的意思就是说我们都是很关心他的，你们千万不要误会。"看着小B越解释越慌乱的表情，全班都善意地笑了，我也笑了，为有这群可爱的孩子。

（原载《职业教育》2014年第16期，有修改）

我愿意成为“废纸篓”

爱因斯坦初到普林斯顿大学的时候，有人问他需要什么，他说：“我要一张书桌、一把椅子和一些铅笔就行了，呵，对了，还要一个大的废纸篓。”当问起他为什么要大的废纸篓时，他答道：“好让我把所有的错误都扔进去呀！”爱因斯坦这番回答让我深刻地感受到教师要乐于、善于、勇于做一个“大的废纸篓”，要以海纳百川的胸襟、包罗万象的气魄、指点迷津的睿智去理解、宽容、接纳学生形形色色的错误。

周三下午我没有课，偷得浮生半日闲，正打算好好静下心来看看书，就被门口传来的喧闹声打断了思路。我们班的小Z和数学老师推推搡搡地进到办公室。年轻的数学老师已经气得满脸通红：“王老师，我拿他没有办法了，你看着办吧。”小Z刚才在办公室门口还挣扎了几下，进到办公室里面倒是老老实实地站在一边，低着头一声不响。

小Z是班级里面的一位普普通通的学生，虽然他学习基础比较差，但是还算遵守行为规范，没有什么违纪的事情发生，属于缺乏“存在感”、容易被老师忽略的对象。当我了解了他今天的表现后真的是大吃一惊。

数学课一开始他倒骑着椅子从教室后面的左边蹦到右边，被数学老师制止后，他干脆搬把椅子直接坐到垃圾桶旁边，吃薯片、吃崩豆、吃一些能发出很大响声的食物……数学老师快被他的行为搞疯了，为了把课上下去，只有把他拎到教室门口站着，就这样，他还不消停，开始唱歌，准确地说是在号一首首走调的歌曲，关住门窗都不能阻止他的魔音入耳。在他号到第N首歌的时候，数学老师忍无可忍地把他拎到了我的办公室。

我先请数学老师回自己办公室，答应会给她一个满意的答复，留下小Z慢慢教育。我看着小Z越来越低的头，实在很难想象他能在课堂上做出这些惊人的举动。

“告诉老师，你这是怎么了？”

我等了很久，他才轻轻地说：“因为她骂我笨！”

原来有一次，数学老师在上课的时候因为小Z没有回答出来问题，骂了他一句：“你怎么这么笨！”

“她骂我笨！她骂我笨！”小Z不断重复着这句话，越来越激动，低下去的头也慢慢抬起来，脖子上的青筋都一跳一跳的，我的心也跟着一跳一跳的。

“老师骂你笨，那是老师不对，但是你在课堂上面的行为是不是也不妥呢？”

“我就是想报复她，她骂我笨，让我在全班同学面前抬不起头。”

“你这么做，就找回面子了吗？你是在全班同学面前大大地露脸了，说实话，老师也被你吓了一跳。可是，大家会怎么看你呢？”

……

和小Z的交流和沟通异常艰难，一开始他还能回答你，到后来就变成我一个人的脱口秀。

和小Z谈完，我给他的父亲打电话，把今天发生的事情原原本本地告诉了他的爸爸，他的爸爸是个很通情达理的人，马上先检讨自己孩子的错误，我也代表数学老师向他的爸爸表示了歉意，双方在友好的气氛中对小Z的教育达成了共识。

接着，我又找到了年轻的数学老师，把这件事情的起因告诉了她，她早已经忘记了曾经在无意中脱口而出的那句话，她也没有想到这句话对一个孩子造成了这么大的伤害，年轻的脸上也写满了焦虑：“那我能做些什么？我找个机会在全班面前向他赔礼道歉，可以吗？”我原本还想着如何找措辞来解决，没想到她已经想到这一层了，我和数学老师在这件事情上也达成了共识。

在第二天的数学课上，数学老师真诚地当着全班同学的面向小Z道歉，为自己曾经说过的那句话，小Z也站起来向数学老师道歉，为自己曾经做过的行为。我没有在现场亲眼见证这一幕，据同学说，很感人，小Z当场哭了，数学老师“hold”住了，没哭，但是眼圈也有点红，全班响起了经久不息的热烈掌声。

我为这位年轻的数学老师喝彩，不是每一位老师都有勇气当着学生的面承认自己的错误，如果没有她的这份勇气，这件事情不可能这么顺利地解决，老师和学生心里的那个结只会越系越紧。在松了一口气的同时，我想想自己，有时候气急了，也有口不择言的时候，无意中脱口而出的话语，也许就像一把把利剑刺伤孩子敏感的心灵。对待学生，有时候给他一份宽容，并以变废为宝的慧眼去发掘学生错误中的宝贵之处，也许就会给他一片蔚蓝的天空。让我们记住：蹲下身子，我们的心和孩子才在同一高度——真正的教育应从宽容开始。

小Z在高三的时候去当兵了，他常常在节假日打电话给我送祝福，有几次在路上遇到他的父母，他们每次都会热情地拉着我的手，说我是从小到大对小Z最关心的老师。我真的汗颜，不得不说，如果没有那次小Z的“惊人之举”，我可能真的都想不起班级里有这么一位学生。我们为了赶进度，常常忽略那些接受能力差的学生，我们为了追求班级的荣誉，常常选择一些有特长的学生参加各项活动，而对于这些相对“平庸”的孩子，则求他们不犯错误就好。一次次地被忽略，他们心中的那份自尊、好胜之心被磨灭了，对学习提不起兴趣，青春期的鲁莽，又常常让他们在偶然的错误中摔得头破血流。当个别学生因为厌学而提出退学的时候，我们心中是不是有窃喜：班级可能因为少了他而少扣分了，合格率又能提高了。可这一切的盘算都是围绕着“我”，唯独没有“他”。但是，我们有没有想过，如果我们竭力地劝说，也许他父母会让他再读书；如果我们竭力挖掘学生的潜能，也许他会在专业方面学出一定的成绩，而不是至今拿着初中毕业文凭，难找工作。

陶行知先生是我国近代著名的教育家，《陶行知文集》中“四颗糖”的故事为很多人所熟知，但我仍喜欢温习这个无痕的爱的故事：

陶行知先生在担任育才小学的校长时，有一次看到一个男生用泥块打班上的同学，当即制止了他，并告诉他放学后到校长室去。

放学后，先生来到校长室，发现那个男生已经站在那里准备挨训了，可是，一见面，先生却掏出一块糖果递给他，并说：“这是奖给你的，因为你按时来到这里，而我却迟到了。”那个男生诧异地接过糖果。随后，先生又掏出一块糖果放在他手里，说：“这块糖果也是奖给你的，因为当时我不让你再打人，你立即住了手，这说明你很尊重我。”男生更诧异了，眼睛睁得大大的。

陶行知又掏出第三块糖果塞到男生手里，说：“我调查过了，你用泥块打那些男生，是因为他们不遵守游戏规则，欺负女生。你打他们，说明你很正直善良，有跟坏人作斗争的勇气！”那个男生感动极了，他流着眼泪后悔地说：“陶……陶校长，你……打我两下吧！我错了，我打得不是坏人，而是自己的同学呀！”

先生满意地笑了，说：“你能正确地认识了错误，我再奖励你一块糖果，可惜我只有这一块糖果了。我的糖给完了，我看我们的谈话也该完了吧！”说完，就走出了校长室。

看了这个故事我们想到了什么？更多的同行遇到此事会怎样做呢？是不是气都被气坏了，还哪有心情奖励他糖果呢？是不是准备对那一打架的男生一顿猛训以解心中之气？是不是不让其低头、难堪不足以让学生知道他犯的错有多恶劣有多严重？我们也可以想象那个学生在教师的训斥下是怎样一副“大义凛然”“视死如归”的架势，最后教师还会叫来家长，事态扩大。那位学生也会对教师怀恨在心，而且学生自己也破罐子破摔，变本加厉。

也许我们年轻时都曾上演过这幕，也曾被自己的冲动惩罚；也许有的同行仍在续演这样的悲剧……

我们每一位教师对孩子讲过的很多知识，他们可能会忘记，但是我们对他们的关心和伤害，他们很难忘记，尤其是伤害。是孩子就会犯错，每个孩子都是在不断的犯错、认错、知错、改错中成长的。我们要给他们改正错误的机会，宽容是孩子心灵成长的氧气，如果没有充足的氧气供应，孩子就会窒息。就像前面爱因斯坦所提到的废纸篓，我们教师要乐于、善于、勇于做一个“大的废纸篓”，去理解、宽容、接纳学生形形色色的错误，给学生们足够的心灵成长空间。

（原载《职业教育》2014年第34期，有删减）

班主任，为谁辛苦为谁忙？

前日收到朋友转发的一条微信，“上联：教书、禁毒、扶贫、网安、迎国检，眉须俱抓无所不能；下联：坚韧、执着、忍辱、负重、吃万苦，境界合一即将封神；横批：班主任”。友人问我作为一个有着班龄10多年的老班主任看完有啥感受，我实话实说：班主任真不是一般人能当的！

早自修、午自修、晚自修、早操、眼保健操，时时需要在场；学习纪律、教室卫生、包干区卫生、学生心理状态、学生成绩，种种需要操心；师生关系、生生关系、家校关系，样样需要协调；计划总结、课题论文、各项评比，桩桩需要应对。当班主任以后，手机是24小时开机状态，最怕听到“午夜凶铃”；当班主任以后，出差开会都是人在异地心在班级。即便是这样辛辛苦苦，从早忙到晚，各种问题还是层出不穷：一会儿学生早恋了，一会儿学生打架了，一会儿学生和父母吵架离家出走了……工作时间超过12小时，天天像一个高速运转的陀螺，班主任究竟为谁辛苦为谁忙？

班主任的压力主要来源于两个方面：内在的和外在的。内在的压力主要是成就感低，自身价值得不到认同。教师的社会地位是比较尴尬的，宣传时总把教师捧得很高，“人类灵魂工程师”都快等同于上帝了，可是教师不是不食人间烟火的上帝，微薄的收入让很多毕业生不会将教师作为首选职业。尤其是性价比更低的班主任，让很多教师选择了逃离。不懂教育的领导最喜欢说的一句话是“没有教不好的学生，只有不会教的老师”。这句一度很流行的谬论让多少教师听了以后吐血，尤其是班主任。面对这么多鲜活、有个性的学生，教育的效果往往达不到预期，深深的无力感和挫败感是造成班主任职业倦怠的主要原因。而外在的压力来自条条框框的考核、行政部门诸多的束缚、媒体和家长的不理解。有教育专家呼吁“我们需要一手拿戒尺、眼中有光的老师”，但显然这位专家不了解，现在连批评学生都需要教育部专门发文赋权，如果一个教师“拿着戒尺”，估计要面临被处分的境遇。有些不良媒体为了追求新闻效应，忽视了其社会责任，无形之中给教育施了压。不管学校出了什么事情，几乎都是统一论调：学校管理有问题，教师没有责任感！总之，事实越糟糕越有新闻价值，越能吸引读者的眼球。同时，也给其他一些家长做了引导，只要孩子被教师惩罚了，就可以去学校闹、去教育部门投诉、去媒体曝光等，所有的这些都将班主任硬生生捆绑成了戴满枷锁的“木头人”。为了明哲保身，有些班主任变得不敢管学生，多一事不如少一事，不求有功但求无过。当班主任不敢管学生时，我们的教育会走向何方?

现在相当一部分教师当班主任是因为上级行政部门和学校的相关规定，比如评职称、工资等级晋升等有班主任年限的要求，如果没有这些规定，愿意当班主任的教师估计要减少一多半。回想10多年前，我刚大学毕业就担任了世界上最小的“主任”——班主任，开始管理只比我小六七岁的学生。刚当班主任的时候，教学和班级管理都没有经验，我凭着一腔热血，大事小事事事都要求做到最好，自己把自己搞得身心俱疲。我的班主任经历也是曲折坎坷，面临过学生集体罢课、遭遇过被家长劈头盖脸地羞辱、面对过领导的严厉指责。我试着在重重压力下寻求突围，试着向身边优秀的班主任学习，试着在教育教学书籍中汲取养分，试着接受教育并不是无所不能的，试着不再关注考核比赛的结果，试着坦然接受自己的失败，试着把学生和家长都当成是朋友去交流，试着放手让学生自己管理自己……试着试着，我感觉自己“破茧而出”了，不再像以前那么累，却做了比以前更多的事情。从新手上路的懵懂青涩到日渐游刃有余，我这班主任当得越来越有滋有味。当我主动接手我的第四届学生时，虽然我已经评上高级职称、市骨干教师，但是前三届班主任积攒下来的一些经验、遗憾、思考和想法，让我还是毅然决然地投入班主任队伍，因为我始终觉得班主任是所有教师中与学生距离最近的，我愿意与孩子们同苦、同乐、同成长，助推他们幸福前行，成全他们的发展。

班主任忙忙碌碌，从事着既琐碎又伟大的工作，但是我们要忙得有意义、有价值，就像知名班主任梅洪建说的："班主任一定要从'瞎忙'中挣脱出来，做'该做'的事。"

（原载《打造全能型职校教师：讲述一名职校名师的成长故事》，北京交通大学出版社2019年版，第62—64页，有修改）

我也可以很智慧

做一名智慧的、专业的、幸福的班主任，一直是我追求的目标，我也一直在为之努力。回顾自己的成长历程，我真切地感受到课题研究对于我个人成长有着巨大的作用。记得初次接触课题研究是在工作后的第二年，学校领导在全校范围内搞“信息技术与学科整合”课题，我被这个课题提出的新理念、新做法吸引，也在自己班里搞了试验，由此有了一些想法，写成论文后居然在核心期刊上发表了，这可把我给激动坏了。这次“触电”经历让我第一次有了研究的冲动，原来我也可以很智慧。

接下来，我陆陆续续参与了学校的课题研究。应当说，参与课题研究对于职业成长期的我来说，是不断把压力化为动力，始终在一种推动力的作用下加速行进的过程。参与课题研究意味着加入了一个专业的团队，“找到了组织”，给了我更宽广的舞台，给了我更广阔的视野；参与课题研究，也使我有底气从实践层面提升到理论的高度，提升了个人的综合素养，为我后来的发展打下坚实的基础。

2009年以前，我一直接触的都是专业学科方面的课题，直到宁波市教科所下发个人德育课题的申报文件，我才真正开始进行我的德育课题研究。个人德育课题一般要求由一位教师独立完成，这对教师的科研能力要求比较高。从申报到立项，再到开题、课题研究、结题报告，整个过程下来，我犹如脱胎换骨一般，从最初的迷茫到最后拿出成果，前前后后，得到了诸多的鼓励和关怀。有教科所专家的引领，有学校科研专家的把关，有班主任间的相互交流分享……作为课题主持人，我内心常常涌现的词汇就是：“感动、感谢”。

正因为我在课题研究过程中得到过这么多的帮助，所以，我也在这里将我的这次德育课题研究过程进行全面的剖析，希望能够对想要申报德育课题的班主任们有所启发。

首先是选题。选题一般有三个导向：一是政策导向，关注国家发展战略安排和方针政策，回答“时代之问”。党的二十大报告指出“培养什么人、怎样培养人、为谁培养人这是教育的根本问题”。二是问题导向，抓住教育热点难点痛点，回应社会之需。三是实践导向，着眼日常教学的“现实困惑”，回归实践之基。作为一名一线的班主任，选择课题一定要从自己的实际出发，面对班级管理中实实在在存在的“草根”问题，用研究的视角探寻有效的策略，促进班主任的专业成长，促进班级的专业建设，促进学生职业素养的提高。

课题研究方向确立后，我利用网络下载了“课题申报表”，按照表格上提示词的指引开始逐项填写课题申报表。这是我第一次独自进行课题方案的设计，课题申报表其实就是一个无声的导师，表格中要求填写的项目就是我们做课题应该深入思考、充分论证的方方面面。因为是新手，我对表格的每一项内容着墨的深浅程度感到迷茫，不知道哪项需要重点阐述，哪项需要简要概述，有种力不知道往哪里使的感觉。在教科所专家的指导下，我经过多次修改，知道了立项评审关注的重点在哪里，哪些项目是要高度概括的。

比如课题研究目标，是指课题研究预期要达到的结果，要求是具体、清晰、有条理、适度。研究的目标表述要明确（指向清晰确定）、简洁（每条一两行字）、可测（可以检查评估），通常用“行为动词+名词”的短语来表述。研究目标一般是在研究周期内可达成的、可实现的。在撰写中最好要分开，具体写三四点，不要太多也不要太少。研究内容是达到研究目标具体要做的事项、操作点或活动。在课题研究内容撰写中，要说明完成或达成研究目标，具体要研究什么。一般一个目标要对应至少一个内容，要一条一条地列出来。研究目标一般是简短的几句话，研究内容则需要展开说。各项研究内容之间要各自独立，但又要有联系性和继承性。

德育课题的研究过程是班主任踏踏实实实践、促进教师和学生共同成长和发展的过程。尽管是个人德育课题，但是自己一定要定一个时间表，抓住重要的时间节点，什么时间要做什么事情，抓实过程管理。切忌“轰轰烈烈开题，信马由缰研究，糊里糊涂结题”。

在研究过程中一定要得到学校领导的支持，没有学校大环境支持，靠个人单打独斗，课题研究无法实现质的突破，只能是纸上谈兵。我的课题研究得益于学校正在进行校企“四融通”模式的实践研究，企业文化和校园文化融通正是其中的一个部分，这让我的课题实施起来非常顺畅。

课题结题既是对理论研究成果的总结与提升，也是对研究历程的回眸与反思，更是对未来研究方向的再确认。个人德育课题与其他教科研课题相比，结题报告的要求相对简单，只需要递交一篇结题报告，不用撰写活页评审表。经过专家的匿名评审，我申报的个人德育课题被评为宁波市一等奖。

做课题、搞研究是一件坐冷板凳的难事、苦事，要耐得住寂寞、吃得下辛苦。有人说：“你已经评完高级职称了，还折腾这个干什么？”对我而言，做课题、搞研究已经褪去了功利的色彩，我不为发文章、评职称，不为获奖、拿证书，我只是想用这种行之有效的方式，一方面为了学生的终身发展奠基，另一方面在研究过程中学习教育科研的方法，在研究过程中感受专业成长的喜悦。

爱尔兰著名作家萧伯纳说过：“我是你的一个旅伴，你向我问路，我指向我俩的前方。”在课题研究的漫漫征途上，我们可以更加智慧，因为我们一直在路上。

（原载《打造全能型职校教师：讲述一名职校名师的成长故事》，北京交通大学出版社2019年版，第98—105页，有修改）

让学生看到你的爱

一本真正的好书是灵魂与灵魂的碰撞与交融，渐渐成为身体和心灵的一部分，让我们长成了今天的模样。在书架上众多的书籍中挑中《班主任，可以做得这么有滋味》不是偶然，选择这本书的原因有二：一是郑英老师的鼎鼎大名，她是浙江省德育特级教师、浙江教育十大年度影响力人物，曾连续7年同时担任两个班级的班主任；二是这本书的书名很吸睛，人都说班主任很辛苦，郑英老师偏偏乐在其中，还当得有滋有味，让我不禁想要深入探究一番。

班主任的“绝活”也许有千千万万，我仍然执拗地认为，只有让学生看到爱的班主任，才是真正的“高手”，也只有这样的“高手”使出来的“绝活”，才是真正对学生有益的。郑英老师就是一位真正的“高手”，她的“绝活”是层出不穷的。

“绝活”一：她与孩子们相约在校园的二十四节气里，在每个节气走进八卦田，并拍下美好的图片，与孩子们一起分享，有时也与他们一同前往。观察校园里的二十四节气，旨在引导孩子们用一颗审美的心去审视周围的世界，去发现世界的美好，或是创造新的美好。

“绝活”二：她每月开设一期“百家讲堂”，主讲嘉宾有著名画家、钱锺书弟子等名家，有国际风筝大赛冠军、川剧变脸等行业翘楚，有本校教师、同学、家长、厨师等身边的人。主讲内容有制作衍纸、牛轧糖、肥皂的生活小技巧，有横渡钱塘江、西北骑行、川藏骑行等见识见闻，还有礼仪修养、民间艺术、美食烹饪等，不拘一格。把各行各业、身份各异的人请进教室与孩子们面对面互动交流，如同把社会生活的不同场景和截面挪到了班级，打开了孩子们观看社会的视窗，延长了教育的时空维度，也提升了他们对事物的慧解。

“绝活”三：引领学生阅读，阅读让人知道“光”在哪里。教室的书柜里，有一批中华书局出版的国学丛书，这是郑英每次接班后的必选动作，让孩子们轮换着阅读，然后签上自己的名字。待毕业时，每人挑走自己喜欢的一本，权当是她的一份小小纪念品。礼物虽小，但有它的精神格局，至少曾在3年时间里为他们提供过心灵的栖居之地。

“‘教育’一词的重心不在‘教’，而在‘育’，其目的是向人传送生命的气息。教育，是向美而生的事业，从‘育’开始，致力于培育出一个个有趣、有品、有情、有思想的活泼的人。”郑英老师对于教育有着独到的见解。

作为职业学校的教师，尤其是担任班主任，没有一颗强大的“心”和对职业教育的“爱”是很难坚持下来的。因为我们面对的大部分是经历了中考的残酷碾压、万般无奈来就读的学生，很多孩子沉迷游戏、学习习惯差、规范意识淡漠，几乎无缝对接了“熊孩子”的人设。联想到暑期看过的大热电影《哪吒之魔童降世》，在哪吒身上我看到了很多学生的影子：在付出真诚和汗水后，始终看不到与之相称的结果，开始怀疑付出和收获的关系，进而怀疑自己不可能，最后发现“果真”不可能，于是开始假装不在乎。他们也曾像哪吒一样努力过，但最后丢盔弃甲，用痞气和冷漠来伪装强大。同样地，我们面对这些“哪吒”们，有过挫败、有过无奈、有过迷茫，常常有十八般武艺用尽仍收效甚微的无力感。是时候给自己来本“武功秘籍”提升一下，强烈推荐郑英老师的《班主任，可以做得这么有滋味》。

来看看郑英老师是怎么对付“哪吒”们的，她曾遇见过一个让她想放弃也想放弃自己的学生，他自嘲“我是垃圾，不，我是垃圾中的垃圾”，这是他最后的防线，抢在别人否定自己前否定自己，给自己最后一丝尊严——这是我自己定义的，不是你们来定义的。“对他，我坚持每天送他回家，以免他在路上殴打其他孩子；坚持每天为他买好早饭，以免他敲诈别人；坚持每天为他讲一个哲理小故事，为的是给他以精神濡染……慢慢地，他愿意去改变。在他准备改变时，我还事先给了他一点箴言。告诉他，人的改变尤其向好的改变是可贵的，但也常常伴有艰难，其间会经受惰性、挫败、非议等重重考验，每走一步都了不起，因为这一步往往是别人看不见的。果真，孩子在遇见艰难时，多了一份淡定，多了一份坚定。重重努力后，他成了同伴们眼里热心的大男孩。”郑英始终坚持，“我们在乎孩子，也在乎他们的在乎，便会听见他们心灵的密码锁‘吧嗒’一声瞬间打开”。

黎巴嫩诗人纪伯伦说过：“所有的工作都是空虚的，除非有了爱。”我们每一位教师都不缺爱，但仅仅有爱还远远不够，我们的工作，就是把爱变成让学生看得见的行动，不然，再多的“爱”也是空洞的。当看完这本书，你会发现，把“爱学生”的情感变成“看得见”的态度、策略和技巧，郑英老师又准备了一大堆高招：运用名字的艺术、与学生对话的艺术、奖励学生的艺术、惩戒学生的艺术、与家长合作的艺术……在这样一位“艺术家”面前，所有“哪吒”的伪装都会自然而然地卸下，露出柔软的内心，心甘情愿接受“爱”的滋润。著名诗人罗伊·克里夫特的诗作《爱》里有这样几句话，我特别喜欢：

而我心里最美丽的地方，
却被你的光芒照得通亮，
别人都不曾费心走那么远，
别人都觉得寻找太麻烦，
所以没人发现过我的美丽，
所以没人到过这里。

我们的教育对象，是一个个生动活泼、各不相同的人。假如我们能尽自己所能去寻找他们的美丽，发掘出他们的潜能；唤醒他们，鼓励他们做自己；用我们的爱去浇灌他们，让他们看到“爱”，那么每一个学生都有成长的无限可能。如此，他便愿意自己奔跑，哪怕路边没有掌声。

（原文写于2019年8月）

千般花样归于一

舍得动用“整颗的心”的班主任是不甘于老套、呆板、僵硬的教育和管理方式的，她在日常工作中会变出千般的花样来“爱”自己的学生，这让她“爱”学生的方式显得与众不同、新颖别致，也让她对学生的“爱”更有智慧含量，“爱”得更有力量，也“爱”得更有质量。

——题记

炎炎酷夏，所到之处都是炙热阳光，连空调吹出来的风都带有热意，心里不免有些燥热，就从书架里取出一本书作为喧嚣夏日的消遣。然而，这顺手取出的书，却悄悄地拂去了我心头的躁意，顷刻间，凉意从心底散开，正如这本书的题目《徜徉淙淙溪流》。

这本书是有一年我参加全市班主任培训的时候发的，是一本由宁波66位一线的中职班主任共同写成的案例集。刚拿到这本书的时候，我仅仅是将它作为一本普通的学习资料，草草翻了几页就束之高阁，今天无意的消遣之举，却让我庆幸：我幸好没有错过它。案例集里很多班主任都是我熟悉的身边人，他们对学生的“爱”真诚、实在、发自内心，点点滴滴娓娓道来，让我随着他们一起揪心、一起开心。张婷老师“别样的幸福”，我已经在全校大会上听过介绍，90后的一群学生用他们的方式为班主任庆祝生日，看着书中真情洋溢的文字，我再次被感动了，感动之余还有点小小的羡慕，当了那么多年班主任，我一次也没有享受过这种待遇。不过，逢年过节学生的一个电话、一声祝福就足以让我感受到幸福了。作为一位英语老师居然以专业词汇作为标题，唐敏老师的“泵”很吸引我的眼球。“关心学生关心的话题，倾听学生倾听的声音，努力让自己也带上一点点‘咸’，用共同的兴趣与爱好来做‘泵’，更快地抽掉学生身上不合适的‘咸度’。”唐敏老师的教育智慧让我叹服，班主任工作需要爱心、耐心、细心，同时也少不了智慧，一个充满智慧的班主任更容易找到打开学生心门的钥匙。在孩子的成长过程中，我们作为老师和家长都会犯的一个通病就是：着急，着急孩子会走弯路，一着急我们就急不可耐地拉着他们走。尽管我们打着爱的旗号，但是这种“着急”反而会害了孩子，有些路我们无法代替孩子去走，也无法一直陪着孩子去走，放手让他们自己去体会，哪怕碰得头破血流，也是他们成长所要经历的必然过程，吴亚娟老师用她的等待、执着让“破茧成蝶终有时”……

66位班主任作者专业背景都不尽相同，有的是市级的名班主任，有的是崭露头角的年轻班主任，他们的秘诀“横看成岭侧成峰，远近高低各不同”。但是，他们都是在喧哗中潜心研究，在浮躁中沉静思考，在学习中创造财富，在平凡中铸就伟大。他们在班主任工作之路上启迪蒙昧的心灵，点亮人生的路灯。他们的付出成就了学生，使自卑的心灵自信起来，使羸弱的体魄强壮起来，使狭隘的心胸开阔起来，使迷茫的眼睛明亮起来。正如唐云增老师在序中所写的：“这是一部班主任用爱写就的教育学”。

很多教师怕当班主任，觉得当班主任太苦了，尤其是职业学校的班主任，面对那么多“问题学生”，还要受到社会的偏见。我不能说当班主任不苦，但是当苦尽甘来“待到山花烂漫时，她在丛中笑”，你会越发感觉到这个“甘”是那么甜蜜。

不由得想起2006年春天，当时，我接到一个电话，是我的第一届学生小W打来的，邀请我参加他的婚礼。我的学生都结婚了，我高兴极了，搁下电话开始在脑海里面搜索我第一届学生的记忆，回忆他们刚上高一时青涩的模样。当我来到婚礼现场的时候，一群意气风发的青年一看到我来了，立马围了过来。女孩子惊喜地拥着我，男孩子则站在一边风趣地说：“老班，这么多年了，您除了比以前圆润了点，一点没变呀！乍一看，我们还以为是哪个女同学呢！”活泼的小S当年考入大学，毕业后子承父业，现在是某弹簧加工厂的总经理；文静内向的小Y已经是一位小有名气的家装设计师；开朗干练的小H大学毕业以后在某职业高中实习，要和我成为同行了；有的学生找到了自己的人生伴侣，近期也准备结婚……听着他们叽叽喳喳地向我汇报他们的现状，我有的是满满的欣慰，当年的小萝卜头们真的长大了！

小W的爸爸妈妈看到我时很激动，他们特意来给我敬酒，感谢我当年对小W的耐心教导。这么多年过去了，我们都还记得小W值周不肯拖地的事情。

那是我们班第一次值周，我把小W分配在3号楼二楼打扫卫生，当我去检查的时候，发现走廊的地他一点儿都没有拖，眼看马上学校就要检查了，我那个着急呀，严厉地批评了他几句，结果他居然一扭头，转身跑了。学校大门他肯定出不去，估计就在校园哪个角落躲着呢。我一边让同学去把他找回来，一边亲自动手开始拖地。等小W被找回来站在我面前时，整个二楼的地我都拖完了。

“说说吧，什么原因？据我对你的了解，你不是不肯劳动的人呀。”

……

小W就跟嘴巴上锁了一样，脸涨得通红，就是一句话都不说，我感觉事有蹊跷，决定先不逼问他。通过从他周边的好兄弟那里了解情况，我才大概猜出事情的原委。原来，3号楼二楼某班有个女生是小W的心仪对象，他一直想追求那个女生，这次值周分在那里本来还挺高兴，但是当着女生的面拖地，他觉得很丢脸，所以才坚决不肯拖地。

中午，我又一次找到小W，把我的猜测先向他全盘托出，他的眼睛瞪圆了，嘴巴张得能塞下一个鸡蛋了，一脸的不可置信，我就知道我猜对了。小男生的自尊心作祟，真要是硬逼着他去拖地，估计最后他肯定也扛不过我，但是肯定心里是极不情愿的，还不如这次照顾一下他的情绪，先施缓兵之计，以后再慢慢开导他。我果断地将他和另外一个学生的值周位置做了更换，但是对他的值周要求一点都没有放松，今天上午没有拖地该扣的分一分没有少扣。看着他蔫头耷脑地进来，兴高采烈地走出去，我还在心里暗暗想：这孩子，不知道什么时候能够长大？

看着这个昔日值周时都不肯拖地的小男孩如今风度翩翩，在那个熟悉的音乐声中走向自己的幸福，我不由得在心里感慨：我的孩子们真的长大了！

时间在分秒中安静滑过，看罢掩卷的时候，心中的燥热全无，如淙淙溪流般清凉透彻。曾经流行一句话：你幸福吗？我想说我们职业学校教师最大的幸福是什么？是有多少学生考上大学，是考试成绩比别人高出一大截？不，这些都不是。当一个不爱学的孩子把低下去的头抬起来变得爱学时，当一个感觉无可救药的孩子在自己的努力下起死回生时，当我们让不少孩子改正了自己的不良习惯，慢慢变得优秀时，那就是我们职业学校教师最大的幸福！

（原载《职业教育》2017年第4期，有删减）

路过你，路过自己

书，值得读的有很多，但是真正能够入眼入心的不多。有些书看完就如清风拂面了无痕；有些书看时感动，过后却又遗忘；有些书会在人的某些阶段起到关键性作用，甚至影响人的一辈子。有人说，人这一辈子，与多少本书相遇是有定数的。我深以为然。书就像你的一个朋友，在你生命的旅程中静静地等候着你，你路过，她牵起你的手，面对她，望进清澈的眼波里，满世界缠绕我的纷繁像一身细碎的尘沙一样抖落，恍然间，我明白，我路过了我自己。

一直致力于将自己的名师工作室打造成一个有书香氛围的学习共同体，所以在工作室的年终总结会时，买了好多自己读过的觉得好的、没读过的别人推荐说好的书，一一分发完以后特意留了几本放在工作室里，趁着寒假慢慢翻阅。于是，邂逅了《让学生看见你的爱》。这是一本小学英语教师写的书，也是我第一次读小学教师写的书。很遗憾，在我的小学阶段没有遇见这样一位教师；很幸运，我没有和这本优秀的书擦肩而过。

“我只在意，在孩子们的世界里，我是不是个好老师；我只在意孩子们有没有因为我的存在而感觉到幸福。”从某些方面而言，作者沈丽新不是一个循规蹈矩的教师，她认为“队伍，有时候可以不那么整齐”“教室，有时候可以不那么美观”“玩耍，有时候可以不那么规矩”“安全，有时候可以不那么重要”，这些“出格”的想法估计会让很多领导头痛不已，但是她是让孩子们葆有童真天性的教师，是一个符合孩子们标准的好教师。她的爱，孩子们都看得见。

我最佩服沈老师的一点，是她一直努力保护孩子纯净的心灵，“不用‘评优争先’做行为标准，培养学生内心认同的习惯”“不用‘取悦他人’做道德要求，有自己的准则并奉行不悖”“不用‘反对规则’做个性目标，培养学生理解、妥协的能力”。沈老师用她的方式守护孩子们的童年，保护好他们纯净的心灵。

看完这本书，我常常在想一个问题，如果让我选择，我是愿意把孩子交到一个规规矩矩、把孩子管得服服帖帖的教师手里，还是把孩子交给能让孩子葆有童年天性、快乐成长的教师手里？可能会有纠结、会有犹豫，但是我最后还是会把孩子的快乐成长放在第一位。

我们作为教师、作为家长，有时候太想把自认为最好的东西给我们的孩子，不管他们是不是需要；为了让孩子们少走弯路，我们常常根据自己的经验规划孩子们的路线。就像书名写的那样：让学生看见你的爱。但是很多日常的琐粹、言语的冲突、期望与现实的差距等让我们渐渐把这份爱压在心底，再也表达不出来，孩子们也感受不到爱，我们之间的距离在不断拉大，造成尽管身在咫尺却心在天涯的悲哀。每个孩子都是独一无二的，我们要做的是温暖而又坚定地陪伴，不要去要求他们齐头并进，不是所有的孩子都能乘风破浪、扬帆远行；有的孩子，需要我们慢慢地等待与陪伴，并不断告诉他，前方无比美好，只要他努力，就会达到。正如沈老师在书中所写到的：“在他慢慢行走的路上，需要的不是你的催促，而是你及时的帮助与陪护，使他一路走来，保持对学习的热情、对自我的信心、对生活的乐观态度。”

又联想到之前网上热议的湖南一高中尖子生因与班主任发生争执，持刀将其刺伤致死。该学生成绩一直很优秀，他的成绩足够让他考上一所重点大学，但他并无太大兴趣，而是“只想考取本市一所普通二本学校”。他的解释是：“我只想过轻轻松松的生活。”但在班主任眼里，这显然“不科学”，所以涉事班主任一直在引导他上重点大学。班主任对这个学生既器重又严格，不仅常常找他谈心，还曾为他争取到一份名额很有限的奖学金。但是，这个学生却说：“我不觉得班主任对我多好，他对我也不了解。”所以当班主任一定要该生写观后感却被拒，而致两人争执后，悲剧发生了。逝者已逝，这个年轻的学生也将为此付出惨痛的代价。大家热议的焦点在于，一位优秀的班主任，一位成绩优秀的尖子生，两个优秀的人怎么就酝酿了这出悲剧？教师的关爱在学生眼中成了负担，学生的理想在教师眼中成了没出息。这种“看不到的爱”产生的悲剧绝非个例。

诗人罗伊·克里夫特在他的著名诗篇《爱》里有这样一段文字：

我爱你，
不光因为你的样子，
还因为，
和你在一起时，
我的样子。
……
我爱你，
因为你能唤出，
我最真的那部分。
我爱你，
因为你穿越我心灵的旷野，
如同阳光穿越水晶般容易，
我的傻气，我的弱点，
在你的目光里几乎不存在。
而我心里最美丽的地方，
却被你的光芒照得通亮，

别人都不曾费心走那么远，
别人都觉得寻找太麻烦，
所以没人发现过我的美丽，
所以没人到过这里。

世界上的每一种爱，都应该是这样的，爱着你，也爱着和你在一起时我自己的模样。我推荐阅读这本书，是因为你会在这本书里面学到如何和孩子们相处，如何耐心地等待每一个孩子抵达自己的彼岸，如何尊重每一个孩子独特的生命。这样，你凝视孩子的目光会更加的柔和，对待孩子的心思会更加的细致，你对孩子们的爱，他们会真切地看见。

（原载《打造全能型职校教师：讲述一名职校名师的成长故事》，北京交通大学出版社2019年版，第111—113页，有修改）

㈤

第五重

对职业教育的思考

心中无“职业”，怎么办得好职业教育？

前几日，出差路过某职业院校，看到刚装修好的校门气势恢宏，校门上刻着的大字“××职业技术学院”金光锃亮。正要感慨如今的职业教育越来越受重视，无意间发现校园主建筑上刻写的校名变成了“××学院”，“职业技术”4个字不见踪影。在如此显要位置上少了几个文字，这应该不是无心之失，而是有意为之了。刚有些雀跃的心情一下子跌入谷底，一所职业院校有意将“职业”忽略，是觉得“职业”拉低了学校的档次，还是认为把“职业”两字去掉就可以进入普通高校的队伍？无论出于哪种想法，笔者认为心中没有“职业”，是绝对办不好职业教育的。

2018年年初，教育部官方网站上发布了发展规划司《关于2017年度申报设置列入专家考察高等学校的公示》，46所高校入选该份名单，其中包括21所“新设本科学校”、16所“更名大学”、6所“独立学院转设为独立设置民办本科学校”和3所“同层次更名”的学校。在21所“新设本科学校”中，有16所学校原校名中包括“职业”或“职业技术”字样，现申请将“职业”或“职业技术”抹去。

毋庸讳言，与基础教育和普通教育相比，职业教育一直是国民教育体系中最薄弱的环节。进入中等职业学校学习的学生大多被认为是应试教育的“淘汰者”。这种生源层次的“末端性”导致社会给中职生贴上了“差生”的标签，“差生教育”也成了社会对中职教育的刻板印象。

同样地，高职院校与普通高校相比也处于劣势。进入高职院校的学生，除了通过单招单考升学的中职生以外，基本都是高考中分数段靠后的学生。正如一位教育专家所说："中国的国情民意，对职业教育具有天然的歧视性，没有美欧的职业平等意识，推行实用主义教育理念有难度。几千年来，技术劳动者的社会地位始终处于思想者、管理者、设计者之下，属下九流之列。"

这种有失偏颇的人才观禁锢了人们的头脑，人们普遍认为高学历者或科技研发人员才称得上是人才，技能人才只能算是技术工人。中高职毕业生在国家公务员、事业单位招考中也往往受到制约和歧视，甚至在一些企业的职务晋升中，不少企业只承认全日制普通高校文凭。职业院校的地位处在了连自己都瞧不上自己的尴尬境地，所以才会出现偷偷把校名中的"职业"去掉的行为，才会有那么多申请更名去掉"职业"的学校。

作为在同一个战壕里一起战斗的战友，笔者能理解这种看似有些可笑的行为，但却不能认同。这也让我们深深地认识到：职业教育的春天还没有到来。

职业教育是创造生产力、发展生产力，服务产业建设、产业发展的基础，也是实现"中国制造2025"最重要的基石。近几年，我国的职业教育飞速发展。职业教育与普通教育的全面互通，为学生多样化选择、多路径成才搭建"立交桥"。

"崇尚一技之长、不唯学历凭能力"的社会氛围渐渐形成，办学特色化、专业就业前景好，极大地增强了职业教育的影响力和吸引力。作为从事职业教育多年的职教人，笔者见证了职业教育发展的起起伏伏，从刚参加工作时面临专业萎缩、招生不足的困境，到现在优势专业出现的招生热，笔者始终相信，职业教育的前景是光明的。

其实不论是普通教育还是职业教育，适合孩子自身发展的才是最好的教育。这个社会需要做研究的科学家，也需要本领过硬的技术工人。当然，要改变现状还需要做出很大努力。就像目前浙江省正在实施的“三名工程”，政府下大力气建设一批职业教育中的名校、名专业、名师，就是为了形成职教高端品牌，提升职业教育的吸引力，消除广大家长和学生对职教的曲解。把“工匠精神”贯穿到技能人才培养、评价等各个方面，使之成为所有技能人才的信仰与追求，锻造出更多的“大国工匠”。

作为一名职教人，我们要为自己从事的职业教育事业而骄傲，要有底气说自己是职业教育人，从心底里认同职业教育的重要性，为国家培养综合素养高的技术技能人才，职业教育才能真正迎来春暖花开。

（原载《浙江教育报》2018年4月27日）

中高职贯通“梗阻”如何疏通

2012年，浙江省在全省范围内实施五年一贯制职业教育试点。2018年，浙江省教育厅正式启动中职与本科一体化培养试点招生。这是浙江省职业教育改革的又一项重大突破，意味着除了原有的对口招生模式、3+2分段贯通模式、自主招生模式、五年一贯制、中职生免试入学外，开启了新的升学“直通车”。这也使得中职升学的“断头路”全线贯通，每年都有相当数量的中职生升入高职院校和普通高等院校就读，中职学校和高职院校、普通院校的人才培养立交桥初具规模。

然而，尽管中高职立交桥已经建成，并经历了几年的试运行，但由于种种原因，中高职贯通的“交通状况”仍存在很多问题，时不时会出现“梗阻”，影响通畅运行。究其原因，主要有以下几个方面。

问题一：课程贯通脱节。由于中高职双方缺少多层次的沟通与合作，课程的设置成了简单的拼凑，或者是对各自课程的“修修补补”，专业基础课程没有循序递进，内容大量重复，让学生有一种“炒冷饭”的感觉。而有的高职院校在实训方面的实力还不如中职学校，专业实操课程出现“倒挂”现象。

问题二：选拔方式单一。大多数高职院校的入学选拔方式仍以“一考定终身”为主，缺乏职业教育特色。部分文化基础较差、实践操作能力较强的学生被一纸试卷拦在门外，高职入学选拔方式亟待改革。

问题三：师资没有共享。作为教学的主体，中高职教师缺少交流和合作，仍处于各自独立的两个阵营。这就容易导致在人才培养衔接、课程教学衔接、实践教学质量等方面出现问题。

中高职贯通出现“梗阻”，如何疏通是关键。笔者所在的学校经历了3+2、五年一贯制、3+4试点，和省内多所高职院校都有着中高职贯通的合作，结合实践经验，笔者谈几点疏通“梗阻”的建议。

建议一：优化课程设置。中高职之间的合作是平等的，对于课程设置不应由哪一方说了算，而是要根据中高职的基础、层次不同，从招生开始实施“两头共管”。中高职双方要打破对现有课程体系简单修补的“表面式”衔接的做法，切实本着人才一体化培养的思路，在共同平等协商的基础上，根据中高职不同阶段的培养目标，将职业能力的评价标准与中高职不同阶段的课程评价标准有机衔接，构建分段递进的课程体系。在同一个体系中统筹规划中高职课程，做到长周期培养职业技能人才的统一性，保证课程衔接的整体性和递进性。

建议二：创新选拔方式。高职选拔考试的内容、方法和要求要以职业教育特点为取向，文化课应侧重职业素养和应用能力的检测，专业课应平衡专业理论和专业技能两者的比重，保证选拔入学的学生有扎实的文化、理论基础，同时又具备一定的专业实操技能。同时，要改变“一考定终身”的弊端，高职参与到中职阶段的过程性评价中来，全面、客观地对中职生进行评价，使真正适合升学的中职生能够顺利进入高校继续深造。

建议三：加强师资建设。师资建设是一项系统工程，仅仅依靠中高职院校自身的力量无法突破困境，需要政府、学校、企业、行业多方合力。由政府部门主导，总体协调学校、企业、行业之间的合作，加大对中高职师资队伍的培养和培训力度。目前，中高职教师大多是毕业以后直接到学校任教，缺少企业工作经验和对专业最前沿技术的领悟和把握。学校层面要主动对接企业、行业，通过引进企业导师、在职教师下企业研修等方式，弥补现有师资实践经验上的不足，做到专兼职教师协调发展。学校还可以通过横向课题参与企业生产、研发，实现校企间的深度合作。同时，中高职师资间应加强学术交流、专业对话和资源共享，根据各自所长协同合作，这有利于各自明确中高职教学的侧重点，确保一体化人才教学的质量。

中高职贯通仍处于试验期，必然还会遇到诸多问题和挑战，还需要在“摸着石子过河”的过程中持续深化、开展研究。相信在不久的将来，中高职贯通中的“梗阻”必然会得到有效疏通，成为“一体化”发展的“康庄大道”。

（原载《浙江教育报》2018年6月22日）

“大赛教育”要不得

一句“普通教育有高考，职业教育有技能大赛”的口号，使得近几年职业院校技能大赛在全国上下开展得红红火火，各地教育行政部门都把技能大赛的成绩作为一项重要的指标考核学校、教师。对于技能大赛成绩突出的师生除了物质上的奖励，还有很多政策上的倾斜。

从选拔备赛、市级选拔，到省级选拔，再到全国比赛，一个周期下来需要1—2年的时间，往往一轮比赛刚结束，就要准备下一轮比赛。一些地区甚至将这种“大赛教育”发挥到了极致：学校层面将技能大赛作为“一号工程”，学校重要工作围绕大赛展开；指导教师集训期间不用上课，停止一切与集训无关的工作；通过层层选拔出来的学生也不用到课堂继续上课，以赛代课，没日没夜地参加训练；对选拔出来参加全国技能大赛的学生，部分省市则是集中全省、全市的优质师资进行强化训练。这种一切为了大赛出成绩的“精英教育”导向如果不纠正，我们的职业教育可能会出大问题。

技能大赛的热闹，的确会引起教育行政部门对职业教育的重视，也能吸引媒体、社会的关注，但是如果我们投入了大量的人力、物力、财力，只是为了几个技能大赛的“学霸”，这与职业教育的目标是背离的。职业教育的成功不是极少数“学霸”拿了大赛奖牌，而是职校学生整体水平高。

为了不让“大赛教育”在育人道路上渐行渐远，我们要及时纠偏。怎么做？笔者有以下几点建议。

一是教育行政部门对职业教育的关注点要从个别“学霸”扩大到职高生群体，不能“唯大赛奖牌论”。近年来，省教育厅、省人力资源和社会保障厅联合推出中等职业学校“面向人人”学生技能比赛。这项比赛和其他比赛的不同之处在于，它是面向所有专业、所有学生的。它的亮点在于“普测”和“抽测”相结合，在全员参与的基础上，电脑再随机抽取一定比例的学生代表学校、地区参加测试，避免原先大赛倾全力培养几个“学霸”的过度行为。“面向人人”技能比赛用规范的制度设计和政策引导营造了“人人皆可成才，人人尽展其才”的育人氛围，值得其他地区借鉴。

二是学校管理者要从“大赛教育”的桎梏中解放出来，厘清职业教育办学的目标，弄清楚职业教育要培养什么样的人。党的十九大报告指出，“完善职业教育和培训体系，深化产教融合、校企合作”“大规模开展职业技能培训，注重解决结构性就业矛盾，鼓励创业带动就业”“建设知识型、技能型、创新型劳动者大军，弘扬劳模精神和工匠精神，营造劳动光荣的社会风尚和精益求精的敬业风气”，为职业教育发展指明了方向，规划了前景。我们在教育教学中，不能忘记教育之道。职业教育的目标绝不是几块奖牌，而是培养高素质技术技能人才，夯实青年人就业创业的本领。我们必须克服通过比赛速成的浮躁心态，坚持工匠精神，在新时代下实现黄炎培先生所说的“使无业者有业，使有业者乐业”的理想，让每个人都有人生出彩的机会。

三是教师不能沾染“大赛教育”的功利心，不能忘记教育的初心，追求没有功利、平等的教育，让学生们成为更好的自己。职高生大多经历了中考的失败，他们中有的人进入职校以后自暴自弃、放任自流，成为教师眼中的“学渣”。作为职业学校的教师，不能只盯着能为学校增光添彩的“学霸”，每一位学生都需要得到教师的关注。“白日不到处，青春恰自来。苔花如米小，也学牡丹开。”教师要努力创造机会，通过多种形式的德育活动、有效的德育管理重塑职高生信心，让工匠精神植根于学生心中，让他们看到希望，成为有力量前行的人，成为受社会尊重的人。

我们不能否定“大赛教育”对于职业教育的积极作用，但要谨防“唯大赛奖牌论”的“精英教育”导向。对于职业教育而言，培养“学霸”重要，让“学渣”学有所成、优质就业的责任更重大。

（原载《浙江教育报》2018年11月23日）

职业教育切莫被“剧场效应”绑架

前阵子，一篇名为《“剧场效应”绑架下的教育》的文章刷爆朋友圈。文中提道：“‘剧场效应’正在中国教育中泛滥成灾。中国教育被恶性失序绑架，在每况愈下中加速坠落。”“不断延长的上课时间、愈演愈烈的补课、疯狂的作业、尴尬的优秀教师、肆无忌惮的超级中学，‘剧场效应’已经绑架了教育。学校在制造文盲，教育在摧残文明。”全文观点犀利，虽然部分内容有失偏颇，但是看后仍让人心有戚戚焉。

什么是“剧场效应”？剧场里，大家都在看戏。忽然，有一个观众站了起来，周围的人劝他坐下，他却置若罔闻。于是，周围的人为了看到演出，也被迫站起来看戏。最后，全场的观众都从坐着看戏变成站着看戏。虽然大家都更累了，却没有人选择坐下来看戏。因为，谁选择坐下来，谁就看不到戏了。

从事职业教育教学工作多年，笔者在目睹职业教育快速发展的同时，也看到了不少职业教育被“剧场效应”绑架的现象。

模糊的导向。2005年召开的全国职业教育工作会议进一步强调了要坚持“以服务为宗旨、以就业为导向”的职业教育办学方针。随着产业结构的转型升级，社会对人才素质的要求越来越高。为了满足家长想让孩子读大学的愿望，同时为了吸引优质生源，少数职业学校片面追求升学率，鼓励学生参加高考，职业教育演变成升学教育，就业导向转向为升学导向。课程设置围绕着高考这根指挥棒。原本应该在高三进入社会顶岗实习的学生却坐在教室里复习迎考。每年高考成绩揭晓之时，一些中职学校热衷于排名，大力宣传高考状元，张贴高考喜报。

功利化的比赛。2002年，职业技能大赛在长春拉开帷幕。开办至今，比赛规模越来越大、影响也越来越大，大赛成为广大师生展示风采的广阔舞台，成为促进我国职业教育改革发展的重要抓手。但比赛影响日益扩大、各级领导越来越重视的同时，比赛的功利性导致学校教师的负担越来越大。殊不知，技能大赛毕竟是少数技能拔尖学生的竞技，少数学生却要占用优质的师资、设备，使得大部分学生不能正常享受到优质的教学资源。个别企业的过度参与也让大赛在某些程度上变了味。部分企业为了推销自己企业的产品，取得赛项赞助权后年年更换设备，学校为了能够顺利参赛，不得不花重金去购买这些比赛型设备，而更换下来的设备往往成为“鸡肋”被摆放在实验室里，再也无人问津。

花哨的课堂。职业教育的课程改革阻力相比基础教育要小一些。同样是推进信息化教学，基础教育还在小心翼翼地尝试，职业教育的信息化课堂已经花团锦簇。微课、仿真软件、网络学习平台等已是公开课的常用元素。活跃高效的课堂仿佛让我们看到了未来课堂近在咫尺。可纵观常态课，学生昏昏欲睡、嬉笑打闹，因实训设备严重不足导致学生课上无所事事的现象时有发生。

是职高的学生都迫切想升学吗？不是。是学校热衷于把精力都用在准备各级各类比赛上吗？不是。是教师想要让自己的课堂呈现出虚假繁荣吗？不是。是单一的评价尺度，是恶性的竞争，是监管的缺位，是匮乏的资源，是生存的焦虑，是下一代不能输的恐惧，绑架着家长、孩子、教师和学校。

今天，我们热衷于讨论职业教育的德国模式、日本模式，却忘记了我们的前辈已经在百年前，结合中国的实践，提出了自己的职业教育内涵。黄炎培先生一直提倡职业教育中职业精神的培养应与技能培养并重，“手脑并用”是黄炎培职业教育理念的核心。黄先生当年所提倡的，正是职业教育今天所缺失的。

笔者期待，在未来，有这么一所职业学校，学生上午上文化课、专业课，下午上各类选修课、技能实操课和社团活动课，晚上可以读读书、写写文章、看看电影。周末，可以参加社会实践活动、参观博物馆或外出郊游。

也许，这一天并不遥远。

也许，这一天很快就会到来。

（原载《浙江教育报》2017年11月24日）

“花哨创客”是否荒废了“主课的田”

随着“大众创业、万众创新”被写入政府工作报告，创新创业教育再次引起万众瞩目，无论是学术界还是教育界都高度重视创新创业教育。近年来，中职学校普遍重视创新创业教育，不少中职学校投入大量人力、物力、财力创建创新实验室、创业一条街或创业园，创新创业教育开展得如火如荼。但与此同时，常常会听到一些质疑之声，一些教师认为“花哨创客”荒废了“主课的田”，学校搞创新创业教育是面子工程，教师搞创新创业会耽误专业发展，学生搞创新创业会分散学习精力。

为何会有这样的想法，笔者认为主要有以下三点原因。

1. 对创新创业教育的定位不清晰

很多中职学校对创新创业教育的认识仍然停留在“开一门课、设一条街、添一些设备、建一个创业园”的层面。创新创业教育的成效评价基本都以媒体关注度、比赛获奖情况、店铺经济效益等来衡量，给人感觉“花哨”的背后缺乏内涵，不免引人诟病。

2. 创新创业课程与专业割裂

在调研中，笔者发现很多中职学校把创新创业教育等同于开设一门创新创业入门课程，与专业教学关联度不大，造成创新创业教育孤岛化。与专业教学的割裂使得创新创业教育缺乏整体性与系统性，演变为“零打碎敲”的几个项目组合，这也是一些教师觉得学生搞创新创业是不务正业的主要原因。

3. 缺少专门化的创新创业教育师资

在调研中，笔者发现创新创业教育的师资问题比较突出。具体到学校，大部分创新创业导师是基于个人兴趣，或者是由学校指定担任。哪些教师可以担任导师，无论是学校领导还是教师都无所适从。专业课教师认为搞创新创业教育，投入过多会影响自己的专业发展。文化课教师认为创新创业教育与他们无关，无须涉足。创新创业教育师资的缺失让学校领导头疼，也让创新创业教育推进艰难。

以上问题有定位问题、课程问题、师资问题，但说到底还是理念问题。创新创业教育是对人的培养，是通过技术技能教育，培养学生的实践能力和创新精神，从而实现促进学生的全面发展与个性发展的教育终极目标。

创新创业教育是一项复杂的系统工程，它不局限于某一个专业或某一门学科，同时又不能脱离专业的土壤独立存在。事实证明，创新创业教育真正搞得好的学校都是将创新创业教育与专业教学相融合。打通创新创业教育与专业的关联渠道是开展创新创业教育的有效途径。当然，这种融合是深层次的，不仅仅是创新创业知识和专业知识的简单叠加，而是理念与专业教学目标、师资与教学项目设计、活动与校园文化建设、评价与企业行业标准全方位的融合，这需要教师深入研究实践。

正如陶行知先生所言："处处是创造之地，天天是创造之时，人人是创造之人。"只要我们的理念正确，是为了培育学生的创新素养；路径合理，将创新创业教育与专业教学相融合，"花哨创客"非但不会荒废"主课的田"，相反，创新创业教育会让"主课的田"更加肥沃，会让教师专业发展如虎添翼，会让中职生更加出彩。

（原载《浙江教育报》2019年3月15日）

该不该进行惩戒教育

惩戒，顾名思义，包括“惩”和“戒”两层含义。“惩”即处罚，是一种手段；“戒”是警告、劝诫人改正错误，是这种行为期望达到的目的。一句话，惩戒意味着手段和目的的统一。“惩戒教育”也是一种教育方式。虽然是一种特别的教育，但在本质上同期望、激励、表扬等方式一样，指向学生的进步。

2009年，教育部向全国印发了《中小学班主任工作规定》，明确规定班主任在日常教育教学管理中，有采取适当方式对学生进行批评教育的权利。虽然该规定赋予教师一定的批评教育权，但对于违纪学生究竟应该采取何种批评教育方式，并无明确具体的规定，从而导致教师在学生管理上无所适从。相反，《中华人民共和国未成年人保护法》等法律规定的“教师不得体罚和变相体罚学生”的条文却被过度解读。于是，教师让严重违纪学生罚站被称为“体罚”，批评教育几句更是被扣上对未成年人进行“心罚”的大帽子。

现在的学生大多是独生子女，在家备受宠爱，导致其心理承受力差，因教师的几句批评就离家（校）出走、自残乃至自杀等极端事件频频发生。而一旦发生这样的极端事件，当事教师就会不可避免地成为众矢之的。家长不依不饶，舆论穷追不舍，教育主管部门严肃处理。个别家长的小题大做和不利的舆论环境，使得教师不敢“轻易”批评违纪学生。教师被套上了层层枷锁，不要说做一个“手拿戒尺、眼中有光”的教师，现在教师连戒尺也不敢拿出来了。

苏辙说："惟教之不改，而后诛之。"诛，指重罚。也有专家和教师指出，没有惩戒的教育是不完整的教育。连戒尺都拿不起来的教师，教不出有出息的学生。如果拿戒尺的后果是道歉挨罚，不但有损教师的尊严，更不利于学生的成长。

我国现行法律法规尚没有对教师的惩戒权做出明确规定，使得教师在惩戒学生时"名不正言不顺"，拿捏不好惩戒的度。因为没有一个标准、细则，来规定教师对犯了严重错误、言语管教不起作用的学生该如何惩戒。

笔者建议，从法律角度明确授予教师惩戒学生的权力，如何使用惩戒、惩戒的场合、惩戒的时机，都应用法律条文做出明确且具体的规定。同时，应完善学生的申诉制度，如果学生觉得教师的惩戒不当，可以通过法律途径进行申诉。我们来看看其他国家根据国情制定的不同的教育惩戒法律制度。2002年6月26日，韩国教育部公布了《面向21世纪韩国教育法》（又称作《学校生活规定预示案》），对教育惩戒做出规范，该法的适用对象为包括小学4年级以上学生。可进行体罚的情况包括不听老师的反复训诫和指导，无端孤立同学，学习态度不端正，超过学校规定的罚分等。实施体罚的场合必须避开其他学生，必须有校监或生活指导教师在场。法律规定，教师可在规定范围进行一定程度的体罚。校长在必要时可以按照校规来惩戒学生，但在惩戒之前必须给予学生及其家长陈述意见的机会。美国的教育惩戒制度已十分成熟。美国纽约的《全市促进学生学习行为期许》将违纪行为分成五级：第一级，不合作或不顺从的行为；第二级，不守纪律的行为；第三级，扰乱秩序的行为；第四级，攻击、伤人或其他有害的行为；第五级，极度危险或暴力的行为。美国联邦最高法院确立了在学校惩戒中应当尊重学生公民权的规则，美国大多数州都立法禁止教师以体罚方式惩罚学生。

我们需要一个规则，既保护学生不受虐待，又保护教师的惩戒权。我们在把戒尺递给教师的同时，要规定好具体细则，教师才能拿得好戒尺。只有教师的管理行为能够有章可循，“手拿戒尺、眼中有光”的教师才会越来越多。

当然，对于未成年人的惩戒要非常慎重，我们不提倡恶性体罚，只用教育惩戒而抛弃教育引导，会适得其反，失去教育的真正意义。正确地运用惩戒教育，让学生对规则有一种敬畏之心，在体验中得到感悟、获得成长，才能保证教育目标的落实。

（原载《浙江教育报》2018年10月26日，有修改）

后续

此文写于2018年10月，2年后，即2020年12月，教育部制定颁布《中小学教育惩戒规则（试行）》（教育部令第49号，以下简称《规则》），并于2021年3月1日起施行。《规则》第一次以部门规章的形式对教育惩戒做出规定，系统规定了教育惩戒的属性、适用范围以及实施的规则、程序、措施、要求等，旨在把教育惩戒纳入法治轨道，更好地推动学校全面贯彻落实党的教育方针和立德树人根本任务。《规则》首次对教育惩戒的概念进行了定义，规定教育惩戒是指“学校、教师基于教育目的，对违规违纪学生进行管理、训导或者以规定方式予以矫治，促使学生引以为戒、认识和改正错误的教育行为”，明确教育惩戒不是惩罚，而是教育的一种方式，强调了教育惩戒的育人属性，是学校、教师行使教育权、管理权、评价权的具体方式。

“无证时代”职业学校技能评价如何转型

职业资格作为人才评价方式，搭建了专业技术人员和技能人员职业发展的通道。为此，很多职业学校实行“双证书”制度，即将毕业证书与职业资格证书捆绑，职业学校的毕业生要考取所在专业的职业资格证书才能领取毕业证书。这一度成为职业教育的特色之一，在全国各地推广实施。

从本质上来说，职业资格证书是劳动者从事某一职业所必须具备的知识和技能的证明。但是，近年来，随着经济持续增长与产业结构的快速调整，不少职业资格证书逐渐失去了其本来的意义。一些原来需要特殊培训和严格考试才能取得的资格证书，现在已经变成了正在消失的岗位或大众化的技能；一些职业资格证书“含金量”较低，参加培训和鉴定的人员支付费用取得证书，此证书却没有实际效用。更成问题的是，由于存在着巨大的经济利益，职业资格考试往往成为某些部门和个人手中一块充满诱惑力的“唐僧肉”，甚至成为简政放权道路上的一大障碍。因此，从2013年到2017年的4年间，国务院已分7批审议通过取消的国务院部门职业资格许可和认定事项434项，削减比例达70%以上。

调研中发现，某些学校专业的职业资格证书也被列入了削减范围内，面临无证可考的窘境，学校规定学生必须考取相近专业的职业资格证书，继续维持“双证书”制度，于是出现了旅游类专业的学生不管是学餐厅服务还是学客房服务都一窝蜂地去考茶艺师的场景。因为前两个专业对应的职业资格证书被削减了，茶艺师的还保留着。且不说社会是否需要这么多茶艺师，面对新形势，职业学校的管理者是否也要与时俱进、顺应形势，不要固守用职业资格方式评价学生的技能水平，死死抱着“双证书”不撒手。

如果说以前还有职业资格证书能让职业学校在技能评价上“偷偷懒”，反正最后都以能不能考取证书为准，那么现在新形势逼得我们不得不对技能评价进行转型思考。职业学校的毕业生是否能够得到企业的认可，能否成为受社会尊重的人才，不是一张职业资格证书所能决定的。在技能教学中，要坚持以学生为中心的理念，充分尊重学生的个性差异。其实企业不需要样样精通的全才，需要的是有一技之长的专才，在“一专”的基础上再具备其他技能的基本能力。这就需要职业学校改变以往的课程考核评价方式，对学生的专业学习有一个客观、科学、合理的评价。

以笔者所在学校的工业产品设计专业为例，这是没有职业资格证书的专业。学校将考核制度创新为项目考核制度，建立起一套完整的专业技能考核体系，采用将阶段目标考核与学分制相结合的方式，每个子项目的阶段考核均参考行业、企业技能的执行标准进行，大的项目制作考核由专业教师和企业技术人员共同进行考核评价。通过多元的考核方式促使学生的专业技能不断提高，并邀请行业相关专家制定项目考核的要求和标准，以确保课程评价体系的合理性与实用性。每学期按能力培养项目的考核标准进行能力考核，考核合格后，可以取得相应的行业认证证书和学校颁发的技能级别证书，逐步形成知识和能力的双考核体系。

具体到每一门课程的评价也需要创新评价方式。传统的课程评价方式比较单一，过于注重考试结果，不能综合反映学生在课程中的学习情况。对学生学习的评价不仅要包含终结性评价，还应包含对学生学习过程中各个环节的考查，以学习周为单位，每周有学习项目考核、阶段有课程单元考核、总结阶段有项目成果展示，如在“三维实体造型”课程中，笔者所在学校对学生的课程学习进行形成性评价，关注学生学习的整个过程。对于上交的项目作品，采用多元化的评价方法，首先是学生自我评价，然后是生生互评，在自评和互评的基础上，再是教师评价，最后总结阶段的项目成果展示则邀请企业、行业的专家共同参与评价。各类技能竞赛和展示可以为课程加上附加分，经几轮评价课程合格后，核发相应的学分。

“无证时代”的到来，让我们重新审视职业教育技能教学的评价机制，职业学校要汲取原先职业资格证书考核中的合理元素，结合新形势、新需求，制定出既科学、合理又能反映职业教育特点的评价制度，实现职业学校技能评价的顺利转型。

（原载《中国教育报》2017年11月21日）

未有金针亦度人

自2008年主编出版第一本教材《CAD/CAM建模与实训》至今，已经陆陆续续主编出版了30多本教材，有国家规划教材，有省课改成果教材。它们就像我的孩子一样，从孕育到成长，每一段过程都是一个难忘的经历。

一、星星点灯：人人都是校园“爱迪生”

Q1：中职生需不需要创新？这个问题的回答是毋庸置疑的肯定，中职生当然需要创新，职高培养的学生不应仅仅是流水线上技能过硬的操作工，更应是具有创新精神和创新能力的优秀人才，中职生有专业技能加持，应该更有能力去参与创新活动。

Q2：如何培养中职生的创新素养？这个问题的回答就说来话长了，这是一项大工程，并非一朝一夕可以达成的。我们在“激发潜能，学以致用”的理念指导下，以“人人接受创新教育，人人学会创新思维，人人参加创新实践，人人具备创新能力”为目标，让创新创意成就职业教育的特色亮点，成就中职学生的灿烂人生。这项工程的基石是创新课程，而创新课程的关键是教材。

面向中职生的创新教材是稀缺的，市场上更多的教材是阐述创新的相关理论，长篇大论的理论阐述既枯燥又不实用，看了半天还是不知道应该怎么去创新。既然没有合适的教材，我们就自己编写校本教材。

教材编写的灵感来源于学校创新创意社团的一项小发明。

在日常生活中，电气设备的故障是十分常见的，一个小小的电缆断点就会造成它们的故障。事实上，解决这些故障的方法十分简单，只要找出断点的位置，进行一些简单的替换或接线就能完全修复。但是，电缆有断点会造成整个房间甚至整幢楼停电，而查找电缆断点是一个技术性难题。当水管破裂时，水会从破裂处喷涌而出，但是电是肉眼看不到的，如果有一种仪器能使得电流从电缆的破裂处"流淌"出来，就能够轻而易举地找到电缆的断点。有了创意的灵感，创新创意社团针对这个难题组织学生一起技术攻关，设计了一种能够快速、简单、有效解决断点的仪器——电缆断点查找仪。

同学们在创新导师团队的指导下，利用课余时间和假期，在学校的实验室里"泡"了几个月，终于找到了研发突破点。同学们最先研发了家庭版"电缆医生"，后来又研发了工业版，在增加功率的同时，配备了"手持式断点感应探测仪"。它运用相同原理查找高压电缆、通信电缆及埋于墙内、地下的电力线的断点。最终，该项产品被命名为"电缆断点查找仪"，获得国家知识产权局颁发的实用新型专利，并获得宁波市中等职业学校学生创新创业大赛发明创造类一等奖。经过进一步包装设计，在网络平台上推广，并赢得了企业的青睐，以56万元买断专利。

这个案例经过宣传报道在校内外引起巨大反响，一时间在校园内掀起了创新创意的热潮，创新创意工作室课余时间总是人满为患。于是，我们的创新导师们就想编写这样一本教材：它能训练学生的创新思维，教授学生创新所要具备的技能，讲述身边同学创新的故事，《校园"爱迪生"》就是这样应运而生的。

教材以一位职高学生从"菜鸟"成为"校园爱迪生"的成长经历为线索，用生动形象的创新项目设计案例，为在创意创新领域感兴趣的学生打开了一扇窗。教材有五个章节：第一章"创造改变世界"，通过一些创造小故事、创造小知识等，学生认识创造、感受创造，树立创造的信心；第二章

“思维创新训练”，介绍了几种主要创新思维的特点，安排的思维训练旨在有效提升学生的创新思维能力；第三章“创新设计基础”，介绍学生参与创新设计活动必备的几个能力：投影视图、三维建模、3D打印技术，通过本章的学习，学生可以掌握创新设计的基础知识和先进技术手段，为实现自己的梦想增添羽翼；第四章“发明设计DIY”，通过外观专利、实用新型专利、发明专利三个方向，讲述学校内学生进行创新活动的故事，为学生开展创新设计活动提供借鉴和参考；第五章“专利申请三部曲”，介绍专利申请的具体步骤和注意事项，有很强的可操作性、实用性。激励学生在实践中历练成长，把知识变成学识，把技术变成智慧，把技能变成技艺，让学生真正感悟“技术要义在精微，反复磨炼方成器”的“匠心”精髓。

教材由机械工业出版社面向全国出版发行，并获得多项荣誉：获评首届全国机械行业职业教育优秀教材、浙江省首批中职课改校本选修教材评比等。教材同时被开发成立体课程，获评浙江省微课程开发活动二等奖，并在浙江省微课网上线。

二、拾级而上：从新手到能手的成长

2008年，学校数控车间获得中央财政支持，购买了16台华中数控系统的数控车床，崭新的数控车床整整齐齐地排列在崭新的数控车间里，教师们很激动，同学们也很激动，终于“鸟枪换大炮”了，原来操作的普通车床终于升级成了数控车床。还没有激动多久，教师们发现了一个很严重的问题：没有现成的华中数控系统的数控车床操作教材，教材市场上基本是日本FANUC和德国SIEMENS平分天下，国产的华中系统只有机床出厂时自带的产品操作手册。

这是一项挑战也是机遇。说挑战，没有教材的授课是很困难的，教什么？怎么教？说机遇，既然没有教材，那就有机会可以去填补这项空白。

要从头开始编写一本新教材，首先要明确编写的思路，我们团队参考现有教材提出两个方案。方案一是先理论后实践，一个编程指令一个编程指令写下去，等指令学习积累到一定程度，再让学生进行综合性练习；方案二是理实一体化，将数控车床操作技能进行梳理，分为初级技能和中级技能，以完成具体的加工任务为目标，按照任务结构、学生的认知水平对专业知识进行了重新组织，形成了完整任务下的知识重构。方案一以知识体系主导，但整个教学过程枯燥，繁多的命令会让学生产生厌烦情绪，尤其是中职学生学习习惯和自觉性都比较差，先理论后实践会造成理论和实践的脱节。方案二体现了“做中学、学中做”的职教理念，将技能点整合到各个加工任务中，通过完成加工任务达到对知识的建构和技能的分段提升。经过讨论，大家一致决定采用方案二。

确定了编写思路，以“场景设置—项目实施—项目成果”三个维度构建教学实施的基本框架，将教与学的过程从传统的、封闭的教育情境中解放出来，以项目流程整合教学思路，体现知能的“岗位针对性”的原则。教材由若干个学习任务组成，融入企业工作情景，强调学生的自主学习，使学生在学习中经历完整的工作过程，在真实的工作情境中，获取整体式地解决综合性的专业问题的能力和技术思维方式。在教材内容的设计上特别注重学习目标、学习任务的内容、完整的工作过程和工作质量的要求等方面的选择和确定，实现了理论知识与实践知识的整合，既能体现工作过程，又具有学习价值，较好地突出了数控专业职业能力形成的特征。

教材从学生学习的角度来指导帮助学生完成学习任务的教材，是对传统教材的一次创新尝试。在每个学习任务首页，通过学习目标、建议学时、内容结构、学习任务描述等小栏目，把学习任务的重点内容进行概括性提示，使学生一开始就明确学习的任务和要求。正文部分通过设置一系列的引导问题指导学生学习新的知识与技能，把学生引入工作行动中，在工作中达到脑力劳动和体力劳动相统一。最后的评价反馈是对学习与工作的过程和结果的整体性评价，以帮助学生学会总结和反思。

教材《从新手到能手——教你玩转数控车床编程与操作》由清华大学出版社面向全国出版发行。

三、以赛促教：因势借力熔铸“合金”

随着各级领导对职业教育越来越重视，近几年各地的职业技能大赛开展得红红火火，一年一度的全国职业院校技能大赛也获得了越来越高的关注度，成为职业教育的一大盛事，成为多角度综合展示我国职业教育改革发展阶段性成果的平台。近几年大赛的赛项设置不再局限于职业院校本身的教学内容，而是与企业生产实践相结合，甚至有些内容直接取材于企业生产一线，体现了行业发展的最新动态，具有前瞻性、实用性和有效性，对职业院校专业建设适应产业结构调整和工业化进程起到了引领作用。2010年，全国职业院校技能大赛出现了一个新的赛项——工业产品设计（CAD技术）。我曾经带过8年的CAD技能比赛，连续三届获省赛一等奖。但是接到这个任务时，我一下子愣住了，这是真真正正一个全新的赛项，尽管带有CAD字眼，但此CAD非彼CAD，而且赛项公布时它居然不是机械专业项目，而是隶属于计算机专业的赛项。学校的计算机教师都表示听都没有听说过比赛要用到的Inventor软件，更不用说是熟练使用这款软件。面对全新的软件，手头没有任何资料，网络上找不到有价值的信息，我第一次想打退堂鼓，但是面对领导信任的眼神，除了迎难而上也没有别的选择。

真正的一穷二白，第一次是靠软件自带的“帮助”来帮助自学的，但是在进入Inventor的世界后，我体会到了它不同于其他三维建模软件的优势。Autodesk Inventor Professional是美国Autodesk公司的三维数字化设计软件，它融入了变量化技术的参数化三维特征造型技术，具有强大的实体造型能力，能够使设计者专注于设计创意的发挥，进行工业产品创新设计。当我注视着我的学生最终登上全国职业院校技能大赛的最高领奖台上时，当我把技能大赛的接力棒交给年轻的徒弟后，我觉得这不应该是句号，我应该把比赛训练过程中的资料和心得整理出来，让更多的师生能够感受产品设计的乐趣。以赛促教，把现代企业新的理念、新的技术、新的产品以及新的工艺方法展示给广大师生，从而促使职业院校能更准确地把握市场脉搏，及时更新教育理念和教学内容，促进产教结合、校企合作深入发展，推动职业教育课程改革，这也是职业技能大赛每年推出新赛项的初衷。

为了有别于传统的三维建模教材，我根据“分析职业能力、组建课程单元、设计学习项目”的逻辑线索进行框架的建构。首先对产品设计所涉及的职业能力进行分析、梳理、归类，作为选择和确定教材内容的重要依据，它们分别是：工业产品设计流程；二维草图绘制能力；三维建模造型能力；创建和编辑装配模型能力；工程图处理能力；表达视图处理能力；文件转换和输出能力；根据用户需求进行外观功能设计的能力。将职业能力逐条理顺以后，将它们分成两类：一类是反复训练能掌握的基础能力（前7个能力）；另一类是设计中体现的创新能力（第8个能力）。创新能力的培养必须要在基础能力的基础上进行，只有在掌握了扎实的基础能力以后，才能进一步培养学生的创新能力。综合考虑这些因素，以典型工作情境为线索设计学习单元：机械产品设计、办公文具设计、数码产品设计、家用电器设计、照明灯具设计、厨卫用品设计、产品改装设计和产品创意设计。每一个学习单元是一组具有相对独立性的工作任务，可分为2—3个具体的学习项目，如机械产品设计单元下的学习项目有千斤顶和四通阀的设计，家用电器设计单元下的学习项目有电吹风、空气加湿器和咖啡机的设计。这些学习项目来源于生活，又是学生所熟悉的工业产品，可以让学生有亲切感，消除陌生感，不易产生畏难情绪。

每个学习项目均以项目式教学法编排，每个项目的编排均包括项目要求、项目分析和项目实施流程。根据认知特点，项目实施流程讲解的全部过程均逐一配有屏幕图形，图文对照，最大限度地简化了文字叙述，可参照教材边学习边操作，力求在最短的时间内掌握Inventor软件的操作方法。学生往往能从最初的“照猫画虎”到自主创作，充分感受到成功的情感体验。

教材《Inventor软件应用项目训练教程》《Inventor2014基础教程与实战技能》已经分别由高等教育出版社、机械工业出版社面向全国出版发行。《13个趣味产品设计带你玩转Inventor实体造型》获评浙江省省级微课程。

四、我爱我家：将地方特色写入教材

每年新生报到的时候，学校都会对新生进行“我爱我的专业”始业教育，让同学们初步了解自己所学专业，从而热爱自己的专业，一般形式都是集中宣讲和参观企业相结合。根据反馈情况来看，大多数学生对于企业参观环节还是很感兴趣的，但对于走马观花式的介绍又觉得不过瘾，而且仅仅一家企业很难以点概面。

学校的专业发展是和当地的产品经济紧密相关的，如何让学生能够全面了解地方的产业布局，了解地方的产业特色，进一步了解地方知名企业的企业文化，挖掘企业发展背后的故事，认识地方的工匠大师，真正将“我爱我的专业”落实到学生心中？由此，我们产生了编写一本体现地方产业特色的专业启蒙教材的想法。

有了想法以后，我们团队成员开始对制造业进行调研。慈溪的制造业以塑料模具、轴承、家电、汽摩及自行车配件为主，象山以针织服装、汽车配件、机械装备、船舶制造为制造业主体，宁海又以模具、文具、汽车配件、灯具、五金机械、电子电器为制造业特色，宁波制造业特色分布图随着调研的深入渐渐清晰。

既然是作为专业启蒙的教材，编写的体例、内容都要能够引起学生的阅读兴趣，所以一开始我们就打算将创新贯穿到底：体例创新、内容创新，突出地方特色。

编写体例创新：以走访数控企业的旅游形式展开，标题以“站名”来命名，让学生踏上“走访宁波数控企业+数控知识学习”双收路，在轻松活泼的氛围中，学习数控相关知识。

第1站：走进“数控中的战斗机”——海天集团

第2站：走进“八音琴王国”——韵升集团

第3站：走进“中国第一模具城”——余姚模具城

第4站：走进“微缩数控世界”——宁海精雕

第5站：走进“齿轮之王”——东力传动

第6站：走进“民汽之冠”——吉利汽车

第7站：走进“动力之星”——中策动力

第8站：走进“宁波船老大”——浙江造船有限公司

编写内容创新：安排了大量当代最新先进制造业及先进制造技术，信息量大、知识点广，将极大地拓展学生的知识面，根据中职生的认知特点，采用大量精美图片展现各种知识点，以生动活泼的图片说话，给学生以强烈的视觉冲击。

地方特色浓郁：在企业选择上，注重结合宁波地方特色，从宁波大市范围内选择例如韵升集团、海天集团等企业作为走访站点，通过宁波本土企业的介绍，让学生了解宁波数控发展的特色，了解宁波数控企业的企业文化，以便能够更快地找准自己的定位，为今后实习就业打好基础。在人物访谈选择上，注重结合宁波地方特色，从宁波中职学校数控专业优秀毕业生中选取典型案例，让学生更加深切地感受到数控大师就在身边，并非遥不可及。

在走进海天集团的时候，会有董事长张静章讲述“一双塑料凉鞋开始的传奇”故事，有毕业于宁波市职业技术教育中心学校的宁波市十佳首席工人——马丽丽分享成长经历。教材中有丰富多彩的拓展活动的设计，比如结合所在地区的行业特点，寻找几个涉及数控技术的机械制造业企业，做一个调查数控企业调查表等。还有学生感兴趣的各种职场测试，测一下自己适合哪类工作，以便帮助选择和确定自己的最佳职业。

教材《走进数控世界》被立项为宁波市首批地方特色教材，并由高等教育出版社出版发行，成为学校数控专业最受欢迎的教材。

五、跨界融合：学科+专业的对对碰

2009年的浙江省机械年会上，我们创新尝试了“双语双师课”，机械专业教师和英语教师一起合作上同一节课，不仅包括专业和语言的同步学习，还包括教学方法的改进。“双语双师教学模式”不是简单地让专业教师和英语教师各上各的内容，而是将专业知识和英语知识通过教学设计进行有机的整合和融通。“学科+专业对对碰”碰撞出的火花让我和徐老师都觉得惊喜，再加上学生们都要求上这样的英语课，让我们下定决心将这种方式拓展到整个数控专业，将数控和英语进行跨界融合，由此《走进ECTC——数控专业英语》有了大致的编写定位。

我们设计以一位数控专业教师带领一名学生参观就业创业指导中心ECTC数控车间为主线，通过他们之间的对话来介绍数控的相关知识点和数控专业英语。英语之所以让中职生望而却步，关键在于没有突出它的工具属性，英语作为一门语言是一个工具，你看英语考试不及格的同学，玩英文版的游戏软件却很溜，这说明了什么问题？需求是最好的驱动力，我们要变“要你学”为“我要学”。根据我们的学生学习基础，可以暂时弱化语法，根据“实用、够用”原则，结合数控专业知识，梳理出5单元共17课，上课的地点也可以灵活地在数控车间和教室之间切换，让英语学习不再是师生的噩梦。

Unit 1 ECTC—the Green Corridor for Skill Development

（ECTC——技能成长的绿色通道）

Unit 2 Getting to Know CNC Lathes

（来，认识一下数控车床）

Unit 3 The CNC Milling Machine and the Machining Centre

（数控铣床和加工中心是这里的主角）

Unit 4 Can You Operatea CNC Machine Tool?

（你会操作数控机床吗？）

Unit 5 Great Achievements in a Small Field

（小天地能有大作为）

教材《走进ECTC——数控专业英语》已经由机械工业出版社面向全国出版发行，并在宁波市校本教材评选中获奖。

“未有金针亦度人”是冯卫东老师在《今天怎样做教科研——写给中小学教师》一书中的后记标题，我很喜欢他的解读，所谓“度人”指“自度度人”——在锻造自己的基础上引领他人，又在引领他人的同时提升自我。于是，自然而然形成一个团队，它不是稳定不变的，时时有人“加盟”，也常常有人“撤退”，它是动态变化的，也是“流水不腐，户枢不蠹”的。相信会有越来越多的深耕职业教育土地并怀揣梦想的人一起行走在职业教育改革之路上。

（原载《职业教育》2021年第7期，有删减）

后记

这本书的内容主要来源于我工作以来发表在刊物上的一些随笔和论文，跨度有点大，有很多想法和建议现在看来显得很生涩，甚至失之偏颇，但是在这些文字中，我很欣喜地看到了一个不断思考、不断成长的自己，这使我产生了将这些文字重新整理的兴趣。整理的过程其实很愉悦，我又一次代入了当时的自己，想起绞尽脑汁撰写文章的那些不眠之夜，再次重读，内心依然有充盈的感觉。

在职业教育麦田25年的守望里，我努力成为一名职业教育忠诚的观察者、思考者、记录者，希望这本书能够留下我的教育人生的些许印记。

我把这些文字从“对课堂教学的思考”“对专业建设的思考”“对教师发展的思考”“对学生成长的思考”和“对职业教育的思考”五个层面做了分类，并把文章发表的时间列在了后面，想表明这些文字是在当时的时间点所获得的思考，没有从现在的视角做补充，尽管有缺陷，但是真实。

感谢我的诸多师长和同人，时时给予我鞭策和指导，使生性懒散的我不至于裹足不前。

感谢我的每一位学生，他们包容了我的诸多不足，正是这些和学生们共同成长的小事情，让我逐渐地学会了爱我的学生，进而学会爱教育。

感谢我的父母，他们不仅教我成为一个善良的人，而且给我强大的心灵支撑，让我可以勇敢地去试错，因为有他们“兜底”。

感谢我的爱人，同样是教育工作者的他，给我提供了很多教育教学上的新思路，也是我每篇文章的第一位读者。

感谢我的女儿，在陪伴她一起长大的日子里，我对教育有了更深层次的理解，也让我学会更多地从学生的视角思考问题。

感谢您选择这本书来阅读，感谢您和我一起回首我们似曾相识的梦想，感谢您和我一起回眸从教25年的难忘时光，感谢您和我一起回味曾经感受过的欢乐和遗憾。但愿书中的一点感悟能引起您的共鸣，但愿书中的某个细节能让您感动，也但愿这本书能对您的成长有所启发，能促进您的某次教育行动。

本书中如有不当之处，恳请您一定给予批评指正。邮箱：39899994@qq. com。

真诚地邀请您有空来王姬名师工作室，一起进一步交流。

王　姬

2024年5月于宁波